KB199233

미소 지으며 죽는 법

옮긴이 | 김춘란(수리야)

(사)상좌불교 한국 명상원 정회원

현재 미얀마 국제 상좌불교 선교대학교 수학 중

International Theravada Buddhist Missionary University

미소 지으며 죽는 법

모곡 사야도의 12연기 법문

2010년 12월 10일 초판 1쇄 찍음

2010년 12월 15일 초판 1쇄 펴냄

편   역 : 우 쉐이 띤

옮긴이 : 김춘란

그   림 : 김일영

펴낸이 : 곽준

펴 낸 곳 : (주)도서출판 행복한숲

등록번호 : 제16-3243호

주   소 : 서울시 강남구 논현동 98-12호 청호불교문화원 나동 3층 306호

전화번호 : 02) 512-5255, 512-5258

팩시밀리 : 02) 512-5856

전자우편 : sukha5255@hanmail.net

홈페이지 : cafe.daum.net/vipassanacenter

ISBN 978-89-93613-08-7   03220

값 10,000원

모곡 사야도의 12연기 법문

미소 지으며
죽는 법

How to die with a smile

우 쉐이 띤 편역
김춘란 옮김 | 김일영 그림

행복한 숲

모곡 사야도

12연기 도표

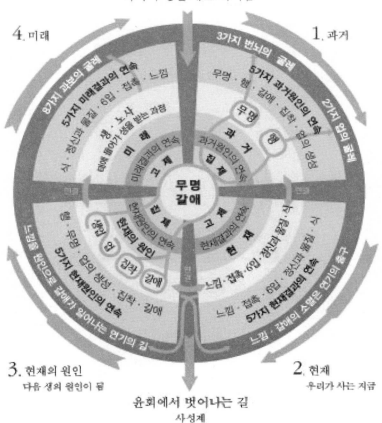

Namo Tassa Bhagavato Arahato Sammā Sambuddhassa.

나모 따사 바가와또 아라하또 삼마 삼붓다싸

존귀한 분,

공양 받을 만한 분,

완전한 깨달음을 이루신 부처님께 경배합니다.

| 차 례 |

고위하신 모곡 사야도의 법문을 영역하는 데 많은 사람들이 기대를 하면서 쉽게 옮겨 달라고 요청하였다. 물론 이런 간단한 요청쯤은 어떻게든 채워 드리고 싶었다. 그러나 미얀마 사람들은 일상의 대화에서도 빨리어를 사용하고 있기 때문에 미얀마 대화체에는 빨리어가 많이 스며들어 있고, 또한 위대한 스승의 권위를 손상하지 않으면서도 그 생생한 가르침을 살려서 번역해야 하는 압박감도 있었다. 이런 이유로 사야도의 법문 중에서 부처님께서 브라만 자누소니에게 가르치신 내용으로 이루어진 후반부만을 알기 쉽게 옮겨 놓았다.

고귀하신 사야도께서는 원래 대중들이 잘 이해할 수 있도록 일상적인 미얀마 대화체로 법문을 하셨다. 그러나 애석하게도 역자는 아직까지 그런 일상의 대화체로 되어 있는 원래 녹취 내용을 과감하게 영역하는 것이 쉽지 않았다.

그렇지만 나중에라도 주석 설명과 약간의 빨리어 관용법에 대한 주
해를 덧붙여 독자들이 좀 더 만족할 만한 내용으로 다시 편집할 예
정이다. 현재로는 'Pyone thay, Mei thay(미소 짓는 죽음, 얼굴 찡그리는
죽음)'란 원제목으로 발행된 이 소책자가 미얀마어와 영어를 할 줄
아는 독자들에게는 만족할 만한 내용이 될 것으로 본다. 그런 의미
에서 독자들에게 미얀마어 본으로 된 책도 한 권 구입해 읽어 볼 것
을 권한다. 이 책의 주석에는 보조적인 내용이 포함되어 있다.

그리고 불교가 염세적이란 인상을 줄 수 있을 것 같아서 원래 미얀
마어로 붙여진 제목을 조금 다르게 옮겼다는 것을 밝힌다. 원래
'Pyone thay, Mei thay(미소 짓는 죽음, 얼굴 찡그리는 죽음)'란 제목으로
발행된 이 책명 중에서 절반만을 채택하여 '미소 지으며 죽는 법How
to die with a smile'이란 긍정적인 제목으로 바꾸었다.

끝으로, 미얀마-빨리어 단어를 사용하면서 생긴 실수나 악센트 기호의 잘못된 사용이나 오자 등이 있다면 이는 워드프로세서에서 국제 빨리어의 정확한 폰트를 사용할 수 없었음에 기인한 것으로 번역자의 실수이지, 위대한 사야도의 가르침에 흠이 있었던 것이 아니라는 것을 말하고 싶다.

본문에 들어가기 전에 이 법문이 진행되는 방식에 대해서 잠시 설명할 필
요가 있다.

모곡 사야도께서는 수행자들과의 문답 형식으로 법문을 진행하셨다. 이런
문답 형식은 부처님 당시의 아라한이신 난다까 존자로부터 전해져 오는 것
이다. 그 당시에는 비구니가 엄격한 계를 받고 교단에 들어오면 깨달음을
얻은 비구들 중 한 비구가 신참 비구니들을 교대로 가르쳐야 할 의무가 있
었다. 그런데 난다까 존자는 그의 차례가 되었는데도 비구니들을 가르치지
못하였다. 결국엔 이 사실이 부처님께 알려졌다.

일체를 다 아시는 부처님께서는 비구니들의 성향과 의식 수준, 특정한 질
문에 대한 이해력 등을 완전히 파악하는 능력을 지니셨고, 또한 그들의 과
거 생에 대해서도 다 알고 계셨다. 부처님의 이런 특별한 지혜를 '다른 사
람의 능력의 높고 낮음에 대해 아는 지혜'라고 말한다.

그래서 부처님께서는 어느 날 난다까 존자에게 500명 정도의 비구니들을

가르치라고 지시하셨다. 그런데 난다까 존자의 직설적인 문답 방식은 새로
운 교육방법으로 비구니들을 놀라게 하였다.

여러분, 주의해서 들으십시오. 내가 여러분들에게 말하고자 합니다. 여러
분은 내 질문에 응답하십시오. 또한 내 말의 어떤 부분은 함께 따라하도록
하십시오. 그리고 내가 어떤 부분에서 말을 멈출 경우에는 여러분이 나머
지 문장을 완성해야 합니다. 나는 여러분 모두가 응답하는 것을 듣고 싶습
니다.”

이렇게 반복적이고 스스로 보완하게 하는 난다까 존자의 응답 방식 교육은
그 당시 많은 비구니들을 교육하는 데 가장 효과적인 방법임을 입증하였다.

모곡 사야도 역시 난다까 존자의 교육과 같은 방식으로 법문을 하셨다. 그
래서 독자의 주의력을 분산시킬 위험에도 불구하고, 모곡 사야도와 대중과
의 응답 형식을 그대로 충실하게 옮겨 놓았음을 밝힌다.

삶과 죽음의 길

"자, 경을 읽겠습니다.

이와 같이 나는 들었다. [1]

우리들의 은혜로우신 세존께 브라만인 자누소니^{Zanusoni}가 말씀을 청하였다.

'세존이시여, 제가 아는 범위 내에서 제 수준으로 말씀드리자면, 지금까지 만난 사람들 중에서 죽음을 두려워하지 않거나 혹은 죽음 앞에서 놀라지 않는 사람은 아무도 없었습니다. 오, 부처님이시여!'

브라만 자누소니가 부처님께 이렇게 말씀드렸습니다."

"네, 사실입니다."

"브라만 자누소니는 부처님께 또 이렇게 말했습니다.

'세존이시여, 제가 이해하고 지켜본 바로는, 죽음을 두려워하지 않거나 죽음 앞에 놀라지 않는 사람은 아무도 없습니다. 저는 그렇게 믿고 있습니다.'

그러자 우리의 세존인 부처님께서 이렇게 말씀하셨습니다.

'공덕을 지은 자, 브라만 자누소니여! 그런 식으로 결론지어 말하지 마라. 죽음을 두려워하는 사람들이 있다. 그리고 죽음을 두려워하지 않는 사람들도 있다. 그대는 반드시 이런 두 종류의 사람들이 있다는 것을 알아야 한다.'"

"참으로 그러합니다."

"부처님께서는 죽는 것을 두려워하는 자가 한 부류라고 말씀하셨습니다. 죽는 것을 두려워하지 않는 자는……."

"다른 한 부류입니다."

"몇 가지 부류가 있다고 했나요?"

"두 부류입니다."

"수행자 여러분, 모두 이것을 잘 기억하십시오! 이 법문은 브라만인 자누소니의 견해를 듣고 부처님께서 답변하신 것에 근거한 것입니다. 수행자 여러분도 알다시피 이 사실은 수행자 여러분 모두와 관련이 있는 것이니 그 뜻을 잘 이해하고 기억해야 합니다."

"그렇습니다."

"수행자 여러분과 관련 있다는 것은, 우리 모두가 잉태된 바로 그 순간부터, 일반적인 표현으로 말하자면, 어떤 곳(그리고 시간)을 향해 앞으로 나아가고 있다는 것입니다. 이 사실을 분명하게 기억해야만 합니다."

"네, 그리하겠습니다."

"우리 모두는 죽음의 장소를 향해 서둘러 가고 있는 중입니다. 이것은 틀림없는 사실입니다."

"네, 틀림없는 사실입니다."

"여러분이 어딘가를 향해서 가면 여러분은 간 것만큼 죽음에 더 가까이 가 있는 것입니다."

"네, 그렇습니다."

"그렇다면 여러분이 이 도시를 향해 오고 있을 때도……."

"죽음의 시간에 더 가까워진 것입니다."

"이것은 모든 이들이 공동묘지에 이르는 길로, 문자 그대로 달려가고 있다는 뜻입니다. 그렇다고 말할 수 있습니까?"

"참으로 그렇다고 말할 수 있습니다."

"우리 모두 공동묘지로 향하는 길 위를 달리고 있다는 것을 여러분들이 인정했으니, 이 법문을 듣고 있는 동안에도 여러분들은 공동묘지를 향해 가는 중이라고 단언할 수 있습니다. 공동묘지로 가고 있는 지금, 당신의 스승인 내가 여러분에게 이 점을 상기시키고 있는 것입니다."

"네, 그렇습니다."

"부처님께서도 역시 여러분들을 이렇게 단련시키셨습니다."

"참으로 그렇습니다."

"여기 처음 도착해 앉았을 때보다 지금이 더 공동묘지에 가까워졌습니다. 확실하지 않습니까?"

"확실합니다."

"여기 모인 모든 수행자 여러분, 우리 모두는 이렇게 앉아 있는 동안에도 여지없이 마지막 장소를 향해 가고 있는 중이라고 말할 수 있습니다."

"우리 모두가 그곳으로 가고 있는 중입니다."

"바로 여기 앉아 있는 동안에도 우리는 가고 있는 중입니다!"

"모두 그곳으로 가고 있는 중입니다."

"만약 여러분이 누워서 자고 있는 중이라면……."

"자는 동안에도 가고 있습니다."

"만약 여러분이 먹고 있는 중이라면……."

"먹는 동안에도 가고 있습니다."

"만약 여러분이 이야기하고 있는 중이라면……."

"이야기를 하는 동안에도 가고 있습니다."

"오! 그렇다면 수행자 여러분, 어느 누구라도 그 길을 벗어나거나 비껴갈 수 없을 것입니다."

"참으로 맞습니다."

"누구도 피할 수 없는, 공동묘지로 향하는 이 길을 비껴가거나 벗어 날 수 있는 기회는 전혀 없습니다."

"어느 누구도 전혀 없습니다."

어느 누구라도

공동묘지로 향하는 이 길을

비켜가거나 벗어날 수 없다.

"다만 가까이, 더 가까이 다가갈 뿐입니다. 이것만이 확실합니다."

"확실합니다."

"그렇지 않다고 말할 수 있나요?"

"그렇게 말할 수 없습니다."

"수행자 여러분, 이 모든 것에 대해 주의 깊게 생각해 보십시오. 새로운 존재로 다시 태어나고, 또다시 같은 길을 향해 나아갑니다."

"같은 길을 따라 나아갑니다."

"다시 새로 태어나고, 세 번째 존재로 또다시 태어나……."

"같은 길을 따라 나아가고 있습니다."

"이처럼 우리가 같은 길을 계속 따라 나아가야 하는, 피할 수 없는 짐을 진 이유는 우리 모두가 '과보의 굴레'²⁾를 짊어졌기 때문입니다."

"네, 정말 그렇습니다."

"과보의 굴레를 짊어졌기 때문에 같은 길을 계속 가야 합니다."

"네, 같은 길을 계속 가야만 합니다."

"과보의 굴레에서 자유로운 사람은 그런 길을 가지 않습니다."

"네, 가지 않습니다."

"누구든 나이가 들면 죽을 수밖에 없기 때문에, 수행자 여러분 모두가 비탄에 잠기는 것입니다."

"네, 그렇습니다."

"그러면 잠시 후 다시 태어나 또다시 늙음에 직면하고, 다시 죽어야 합니다."

"네, 그렇습니다."

"수행자 여러분, 결국 이런 비탄에 잠겨서는 어느 누구도 그 길을 벗어날 수 있는 분기점을 찾지 못합니다."

"네, 찾을 수 없습니다."

"그렇다면 여기 있는 수행자 여러분 모두 깊이 생각해야만 합니다. 오, 아무것도 모르는 사람이 방향도 모른 채 그 길을 찾아다닌다면 그 사람은 오히려 더 멀어지지 않겠습니까?"

"네, 그럴 것입니다."

"자, 그렇다면 이제 여기 있는 수행자 여러분! 브라만 자누소니가 '모든 이들이 예외 없이 죽음을 두려워한다'고 단언했을 때, 부처님께서는 그에게 '죽음을 두려워하는 부류가 있고, 또한 죽음을 두려워하지 않는 부류도 있다'고 말씀하셨습니다."

"네, 부처님께서 그렇게 말씀하셨습니다."

누구든 나이가 들면 죽을 수밖에 없기 때문에

모두가 비탄에 잠기는 것이다.

"그런데 둘 다 '죽음의 마을'인 공동묘지를 향해 가고 있지만, 한 부류는 두려워하면서 가고, 또 다른 부류는 두려움 없이 용감하게 나아갑니다. 이제 이 두 부류의 뜻이 분명해졌습니다!"

"분명해졌습니다."

"브라만 자누소니는 '그렇다면 세존이시여! 저는 모든 이들이 죽는 것을 두려워한다고 믿고 있고, 세존께서는 죽는 것을 두려워하지 않는 다른 부류가 있다고 말씀하시니, 그것에 대해 저에게 자세히 설명해 주시길 바랍니다'라고 말했습니다. 브라만 자누소니가 이렇게 요청하지 말았어야 했나요?"

"아닙니다. 그렇게 요청했어야 합니다."

"그렇습니다. 수행자 여러분, 이 법문은 이렇게 시작되었습니다. 우리의 스승인 부처님께서는 이 두 가지 길을 말씀하시고, 이 비구를 비롯한 우리 모두에게 죽음을 두려워하지 않을 수 있는 방법을 제시하고, 그 과업을 완성하기를 바라셨습니다. 빨리 경전인 『앙굿따라 니까야』는 이렇게 시작되었습니다."

"그렇습니다."

"이곳에 모인 수행자 여러분, 여러분 역시 죽음에 대해 더 이상 두려워하지 않고, 이것을 목표로 하려면 어느 정도의 수준에 이르러야 하는지 수행자 여러분은 확실하게 알아야 합니다. 이것이 내가 여러분에게 법문을 하는 이유입니다."

"그렇습니다."

"수행자 여러분, 그것이야말로 이 법문을 해야 하는 이유입니다. 사실 우리는 모두 정해진 길을 향해 갑니다. 그런데 주저 없이 두려워하지 않고 앞으로 나아가는 부류가 있고, 그냥 두려워하며 떠밀려가는 부류가 있습니다. 그러면 두려워하지 않는 부류가 되려면 무엇을 어떻게 해야 할까요? 실제로는 정해진 곳을 향해 가는 것이 매우 두렵고 겁이 납니다. 그러나 반드시 가야만 하는 길입니다. 이것 또한 분명합니다."

"분명합니다."

"여기 있는 수행자 여러분, 내가 이것을 강조하는 이유는, 나를 비롯해서 이 법문을 듣는 대중들 마지막 한 사람에 이르기까지 그 누구도 이 죽음의 여행길을 피할 수 없기 때문입니다."

"그렇습니다."

"어디 피할 데가 있습니까?"

"피할 데가 없습니다."

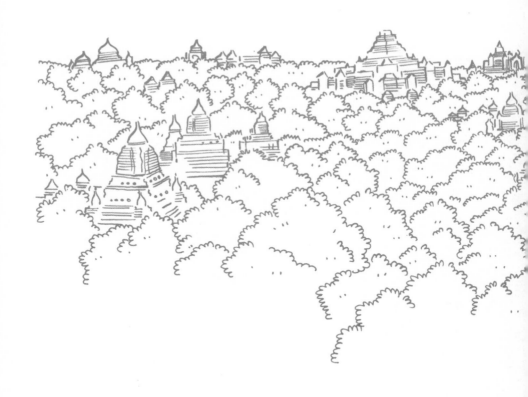

"그러면 피할 데가 없다는 것을 알았으니, 자, 이제 두려워하며 죽는 것과 두려움 없이 죽는 것 두 가지로 나누어 생각해 봅시다."

"네, 스승님."

"부처님께서는 두려워하면서 죽음을 맞이하게 될 네 부류의 사람들이 있다고 밝히셨습니다."

"네, 사실입니다."

"부처님께서는 '공덕을 지은 자, 브라만 자누소니여, 네 부류의 죽음을 두려워하는 사람들이 있다. 그리고 네 부류의 죽음을 두려워하지 않는 사람들이 있다'라고 말씀하셨습니다. 두려워하는 이들은……?"

"네 부류가 있습니다."

"두려워하지 않는 이들은……?"

"네 부류가 있습니다."

"우리는 반드시 두려워하지 않는 네 부류의 사람들에 포함되겠다고 결심해야 합니다. 그리고 반드시 그렇게 되도록 노력해야 합니다."

"그렇게 되도록 노력하겠습니다."

"우리는 두려워하지 않는 네 부류의 사람들에 포함되기 위해 이 법회에 왔습니다. 만일 모든 수행자 여러분이 이 목적을 이루고자 한다면, 여러분은 오늘 확고한 믿음과 결연하고 강한 의지로 굳은 결심을 해야 합니다."

"참으로 맞습니다."

"그런 결심을 하지 않는다면 여러분은 결코 그렇게 되지 않을 것입니다. 여러분, 그렇죠?"

"네, 그렇게 되지 않을 것입니다."

"만일 누군가가 이 여정에 대해 두려워하기만 한다면, 어떻게 만족스런 생활을 할 수 있겠습니까?"

"네, 만족할 수 없습니다."

"이 여정을 두려워하지 않게 된 사람은, 만일 다시 태어난다 하더라도 반드시 편안하고 평화로운 존재로 태어날 것입니다."

"맞습니다."

“그렇게 말할 수 없습니까?”

“그렇게 말할 수 있습니다.”

“그렇습니다! 이것이 네 부류의 두려워하는 사람들을 먼저 설명하는 이유입니다.”

“그렇습니다.”

“『앙굿따라니까야』 제4절에서 네 부류의 두려워하는 사람들에 대해 설명하고 있습니다.”

“그렇습니다.”

“수행자 여러분, 다음 장에서 들려줄 네 부류의 두려워하는 사람들이 어떤 이들인지 잘 살펴보고 기억하십시오.”

“네, 기억하겠습니다.”

주해

1) 경전에는 항상 첫머리에 "이와 같이 나는 들었다[如是我聞, Evaṁ me sutaṁ]"라는 말씀으로 시작하는데, 이는 부처님의 시자侍者로서 뛰어난 기억력을 가진 아난 존자가 부처님으로부터 직접 말씀을 들었다고 하는 불설佛說의 정통성을 함축하고 있다. 이 문구로 시작하는 빨리 경전은 불멸 후 1차 결집結集에서 아난 존자가 빨리어로 경經을 외우고 우빨리 존자가 율律을 외운 후에 500명의 아라한이 합송하면서 시작되어 구전으로 전해지다가 최초로 스리랑카의 싱할리어로 문자화되었다. 그래서 빨리 경전은 부처님의 말씀을 그대로 기록한 역사적 의미를 가지고 있다. 그러나 후대에 만들어진 경전들도 "여시아문(이와 같이 나는 들었다)"이란 문구로 시작하는 경우가 대부분이다.

2) 과보의 굴레Vipāka Vuttas : 연기의 과정에는 끝없이 반복되는 세 가지의 굴레가 있다. 즉, '번뇌의 굴레'와 '업의 굴레' 그리고 '과보의 굴레'가 그것이다. 여기서 굴레는 순환, 윤회, 상속을 말하는 것으로 이 굴레의 처음 시작은 무명에서 비롯한다. 이 무명이 갈애와 집착(이상 탐진치)의 끈으로 연결되어 '번뇌의 굴레'로 이어지고, 이것은 다시 행으로 인한 '업의 굴레'로 이어진다. 이것이 원인과 결과로 일어나는 물질과 정신의 흐름이다. '업의 굴레'는 다시 행과 업의 생성으로 이어져서 하나의 무리를 이루어 '과보의 굴레'로 연결된다. 그러므로 '과보의 굴레'는 업의 과보로 생겨난 식, 정신과 물질, 육입, 접촉, 느낌의 다섯 가지(이상은 12연기에서 말하는 오온), 이외에 생生, 노사老死, '태에 들어가서 생을 받는 존재'까지를 포함한 여덟 가지를 의미한다. 그리고 이것은 다시 한 일생의 시작이기도 하다. 이 '과보의 굴레'는 다시 '번뇌의 굴레', '업의 굴레'로 조건 지어져 윤회를 회전시킨다.

죽음을 두려워하는
첫 번째 부류의 사람들
-자식과 재산에 집착하는 사람

"잘 들으십시오, 수행자 여러분! 첫째, 아들과 딸 그리고 재산에 마음을 완전히 빼앗긴 사람들은 그것에 크게 집착합니다. 그래서 그들은 죽음이 임박할 때 사랑하는 이들과 재산을 두고 떠나야만 하는 굉장히 괴로운 상황에 직면합니다."

"그렇습니다."

"그는 죽기를 원할까요?"

"원하지 않습니다."

"그러면 그는 죽어가는 것을 두려워하나요?"

"두려워합니다!"

"왜 그렇게 죽어가는 것을 두려워하는지 그 이유를 찾아보면, 그것은 그가 자식과 재산을 두고 떠나는 것을 원치 않기 때문입니다. 이러한 생각들이 너무도 크고 고통스러워서 그것들을 놔두고 떠나는 것에 대해 몹시 불안해하고 두려움에 떱니다."

"그렇습니다."

"이렇게 두려움을 겪는 것이 '정신적 괴로움'[1]입니다."

"그렇습니다."

"사람에게 죽음이 임박하면, 이 때문에 성냄이 일어나지 않을까요?"

"일어납니다."

"이렇게 성냄이 먼저 일어나면, 슬픔이 따라오고……."

"따라옵니다."

"슬픔이 일어난 뒤에 비탄이, 그다음에 절망이 일어나고…….."

"마찬가지로 일어납니다."

"이것들이 따라오지 않나요?"

"따라옵니다."

"이것들이 정말 따라오나요?"

"따라옵니다."

"자, 이런 것들이 왜 이 사람에게 일어나는지를 묻는다면, 이것은 그가 괴로움의 진리인 고성제苦聖諦2) 모르기 때문입니다. 자식과 재산에 대한 생각이 결국은 괴로움의 진리라는 사실을 모르기 때문에 그는 자식과 재산에 집착하며 살았던 것입니다."

"그렇습니다."

"그 사람은 무지해서 이런 것들을 자기 것이라고 집착하며 살았습니다. 육체적·정신적인 느낌이 강하고 커지면, 이것들이 사실은 고통과 괴로움이기 때문에 바로 '정신적인 괴로움'이 뒤따르게 되고 슬픔, 비탄, 절망이 일어납니다. 이렇게 일련의 고통이 일어납니다. 이렇게 일어나지 않을까요?"

"일어납니다."

"사람은 이런 고통을 다 겪은 뒤에 죽는다고 할 수 있습니다."

"그렇습니다."

"이 사람들의 '마지막 의식'[3]이 이런 고통에 영향을 받지 않을까요?"

"받습니다."

"고통, 성냄, 근심, 슬픔, 비탄, 절망이 일어나지 않을까요?"

"일어납니다."

"'재생연결식'⁴⁾이 일어나고 이 사람의 현생이 죽음으로 끝나면, 남아 있는 그의 아들과 딸 그리고 재산은 단지 괴로움의 진리[苦諦]일 뿐입니다. 그들은 결국 괴로움의 진리일 뿐이고, 무상無常, 고苦, 무아無我입니다. '항상 하지 않는 것', '괴로움이라는 것', '내가 없다는 것', 이것들이 참된 괴로움의 진리입니다. 이 괴로움의 진리는 이 사람이 불안으로 인한 근심, 정신적·육체적인 고통 그리고 괴로움과 성냄을 경험할 때 일어날까요? 아니면, 이와 같은 것을 전에는 전혀 알지 못했기 때문에 일어날까요?"

"전혀 알지 못했기 때문에 일어납니다."

"재생연결식이 일어날 때 이런 바람직하지 못한 것들이 일어나면, 바로 '사성제'⁵⁾를 모르고 온갖 잘못된 것만을 아는 '무명'⁶⁾이 함께 일어납니다. 그렇지 않습니까?"

"네, 그렇습니다."

"여기 있는 수행자 여러분, 이런 사람이 무명을 가지고 죽음을 맞이하면, 그의 의식 속에는 극심한 죽음의 고통이 나타납니다. 그 고통을 '몸으로 하는 행위[身業]'[7]와 '입으로 하는 행위[口業]'로 나타내게 되고, 결국은 격렬한 몸짓을 하고 아플 때마다 이리저리 소리를 지릅니다. 그때 이런 것들이 일어나지 않겠습니까?"

"네, 일어납니다."

"이렇게 '몸으로 하는 행위'와 '입으로 하는 행위'를 마지막으로 이 사람은 죽음을 맞이합니다. 수행자 여러분, 자식과 재산에 대한 집착은 재생연결식에 영향을 주어서 아귀나 축생[8]과 같은 존재로 재생하게 합니다. 그렇지 않습니까?"

"네, 그렇습니다."

"이런 사람은 죽음에 임박하여 자신이 갈 곳을 알기 때문에 틀림없이 죽음을 두려워하는 부류일 것입니다."

"맞습니다."

"수행자 여러분, 자식과 재산을 두고 떠나게 되면 이제 마지막이라는 생각, 그들과 헤어지게 되면 그들과의 관계도 끝나게 된다는 생각 등, 죽음에 대한 이런 공포가 바로 재생연결식에서 낮은 단계인 아귀로 태어나게 합니다."

"맞습니다."

"이 때문에 두려워하며 죽는 사람은 어디로 다시 돌아갑니까?"

"아귀나 축생의 상태로 돌아갑니다."

"그렇습니다. 어떤 상태의 존재라고 해도 이렇게 두려워하며 죽으면 어떻게 전환하는가 하면……."

"아귀의 상태로 전환합니다."

"만일 아귀로 태어난다면, 그가 죽을 때 '아귀의 재생연결식'이 일어났겠지요?"

"그렇습니다."

"죽고 나면 즉시 '재생연결식'이 일어날 것입니다."

"그럴 것입니다."

"재생연결식이 일어나지 않을까요?"

"일어납니다."

"그럼 계속해서 묻겠습니다. 죽음에 대한 두려움은 어디서 생기는 것일까요?"

"……."

"몸의 괴로운 느낌은 심해지고, 자식들과 재산을 남겨두고 떠나기도 싫으며, 다른 어떤 것을 바란다 해도 아무 소용이 없고, 이렇게 죽게 된다는 것은 가장 무서운 일이고……."

"네, 무섭습니다."

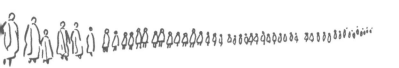

"그렇게 두려워할 때, 그 사람에게는 '슬픔', '정신적 고통, 육체적 고통으로 인한 비탄', '육체적 괴로움', '정신적 괴로움'이 따라 일어납니다. 그런 것들이 일어날 때, 잘못된 방식의 '몸으로 하는 행위'와 잘못된 방식의 '입으로 하는 행위'를 하게 됩니다. 그럴 때 그는 죽음을 침착하고 조용하게 맞이할 수 없습니다."

"그럴 것입니다."

"이런 행동으로 인해 아귀의 생이 일어나지 않을까요?"

"일어날 것입니다."

"여러분은 이 설명을 이해합니까?"

"이해합니다."

"두려워하면서 죽는 것은 참으로 나쁩니다!"

"그렇습니다. 참으로 나쁩니다."

"확실합니까?"

"확실합니다."

"수행자 여러분, 두려움에 떠는 사람은 자식과 재산을 두고 떠나야 한다는 생각에 더욱더 슬퍼하고 무서워합니다."

"네, 무서워합니다."

"그렇게 무서워할 때 슬픔, 비탄, 육체적인 괴로움, 정신적인 괴로움이 일어나지 않을까요?"

"일어납니다."

"그렇게 일어날 때 신업身業, 구업口業이 선할 수 있겠습니까?"

"선할 수가 없습니다."

"이와 같이 불선한 행위와 함께 죽으면 이런 행을 원인으로 '아귀로 재생하는 업'을 형성하게 되고 아귀로 태어나게 합니다."

"그렇습니다."

"그럼, 요약하겠습니다. 자신의 자식, 재산과 같은 이런 세속적인 것에 가치를 두는 사람은 알아차리는 수행이나 부처님의 사성제에 대해 아무것도 알지 못합니다. 또한 자식과 재산이 내 것이며 영원할 것이라는 잘못된 생각을 지니고 살다가 막상 죽음을 맞이하면 '두려운 마음'이 일어납니다. 이런 두려운 마음이 일어나면 육체적ㆍ정신적인 느낌이 더욱 고통스럽고 강렬해져서 참을 수 없게 되고, 슬픔과 비탄, 육체적인 괴로움과 정신적인 괴로움이 모두 일어납니다."

"참으로 맞습니다."

"이해하십니까?"

"네, 이해합니다."

"그러면 슬픔과 비탄, 육체적 괴로움, 정신적 괴로움과 같은 이 모든 괴로움의 상태에서 원하는 것을 표현하는 몸짓과 말의 형태로 나타나는 신업과 구업이 선하고 적절할 수 있을까요?"

"그렇지 않습니다."

"이런 상태에서는 다정하고 고운 말을 하지는 못하겠지요?"

"그렇습니다."

"이런 경우에 신업과 구업이 적절하지 못하기 때문에 조건 지어진 것을 원인으로 해서 아귀로 재생하는 업을 형성합니다. 불선한 행을 원인으로 해서 축생과 같은 '재생연결식'이 바로 그 자리에서 일어납니다."

"그렇게 일어납니다."

"무섭지 않습니까?"

"무섭습니다."

"기억하기 쉽게 간략히 요약하자면, 자신의 자식과 재산에 집착한 상태로는 두려워하며 죽습니다. 집착 때문에 죽음에 대한 두려움이 일어난다는 것을 기억하십시오. 이것이 죽음을 두려워하는 첫 번째 부류의 사람입니다."

"참으로 맞습니다."

"죽음을 두려워하는 네 부류의 사람들 중에서 첫 번째 부류의 사람들은……."

"자식과 재산에 집착하는 사람들입니다."

주해 ───

1) 우리는 모든 것을 느낌으로 안다. 부처님은 느낌을 '맨 느낌', '육체적인 느낌', '정신적인 느낌'의 세 가지로 말씀하셨다. 맨 느낌이 일어났을 때 이것을 알아차리지 못하면 육체적인 느낌(좋고, 싫고, 덤덤한 느낌)으로 반응하고, 또 이것을 알아차리지 못하고 반응하면 정신적인 느낌(정신적으로 좋고 싫은 느낌)으로 발전한다. 이때는 고통이 슬픔으로, 슬픔이 비탄과 절망으로 발전하는데 이것을 부처님께서는 화살을 두 번 맞은 것과 같다고 말씀하셨다. 맨 느낌은 주로 감각기관 중에서 눈, 귀, 코, 혀가 대상에 부딪쳤을 때 일어나는데, 아라한들은 어떤 느낌의 경우에도 더 이상 반응하지 않고 그냥 맨 느낌으로 알아차린다.

2) 괴로움이 있다는 고성제苦聖締는 부처님께서 발견하신 진리다. 괴로움을 빨리어로는 둑카dukkha라고 하는데, 이는 괴로움, 고통을 뜻하는 한문의 고苦와는 달리 '참기 어려운', '하찮은', '불만족'이라는 의미를 가지고 있다. 부처님에 의하면 괴로움에는 세 가지가 있다.

첫째는, 일상의 괴로움인 고고성苦苦性으로, 정신적·육체적으로 겪게 되는 생로병사의 괴로움이다. 둘째는, 괴고성壞苦性으로, 영원하지 않고 변하는 것이라서 괴로움이다. 셋째는, 행고성行苦性으로, 원인과 결과, 조건 지어진 것 자체가 괴로움이다. 즉, 정신과 물질이라는 오온 그 자체가 괴로움이라는 것이다. 위빠사나 수행은 이러한 괴로움이 있는 것을 알아차리는 것이다.

3) 여기서 말하는 '마지막 의식'은 죽을 때의 마지막 마음인 '죽음의 마음'을 의미한다. 죽음에 임박한 마지막 순간에는 자기가 일생동안 지은 '업'과 '업의 표상' 그리고 '태어날 곳의 표상'이 나타나는데, '죽음의 마음'은 이것들을 대상으로 하고, 이에 따라서 다음 생의 재생연결식이 결정된다.

죽음을 두려워하는 첫 번째 부류의 사람들 | 51

4) 재생연결식再生連結識은 새로운 태어남을 일으키는 최초의 마음이다. '죽음의 마음'을 원인으로 재생연결식이 일어난다. 이때 한 생의 몸과 마음이 결정되며 재생연결식은 한순간에만 존재하고 다음 마음인 바왕가[有分心]로 연결된다. 그러나 죽을 때의 마음이 그대로 재생연결식으로 전해지는 것은 아니다. 마음은 매 순간 일어났다가 사라지므로 같은 마음이 전해지는 것이 아니다. 다만 마음에는 업력業力이라는 종자가 있어서 이 종자가 다음 마음에 전해진다. 그러므로 죽음의 마음과 재생연결식은 같은 마음이 아니다. 재생연결식은 다른 조건에서 일어난 새로 일어난 마음이다.

5) 사성제四聖諦는 부처님께서 깨달음을 얻고 처음으로 다섯 비구에게 설하신 법문으로, 네 가지 성스러운 진리인 고집멸도苦集滅道를 말한다. 사성제는 성인이 되어야만 비로소 알 수 있다고 해서 성스러운 진리라고 한다. 고성제苦聖諦는 괴로움이 있다는 것을 아는 진리이고, 집성제集聖諦는 괴로움의 원인이 갈애와 집착과 업의 생성이라는 것을 아는 진리이다. 멸성제滅聖諦는 괴로움의 소멸인 열반을 아는 진리이며, 도성제道聖諦는 괴로움의 소멸로 이르게 하는 팔정도, 위빠사나를 실천해서 아는 진리를 말한다. 사성제는 부처님께서 직접 체험하여 깨달음을 얻으신 뒤에 중생들에게 보이신 법이다.

6) 무명無明. avijjā은 무지, 모른다는 의미로서, 갈애와 함께 12연기의 근본원인이 된다. 실재하는 것을 모르기 때문에 연기를 회전시키는 원인을 만든다. 무명이 일어나는 원인에는 여덟 가지가 있다. 원래 괴로움이 있다는 것[苦諦]을 모르는 것, 괴로움의 원인이 집착이라는 것[集諦]을 모르는 것, 괴로움의 소멸인 열반[滅諦]을 모르는 것, 괴로움을 소멸하는 길[道諦]인 팔정도를 모르는

것의 네 가지와, 출생 이전의 과거 생을 모르는 것, 죽음 이후의 미래 생을 모르는 것, 과거와 미래를 모르는 것, 그리고 12연기의 원인과 결과를 모르는 것의 네 가지, 이 여덟 가지를 무명이라고 한다.

7) 업은 세 가지 단계를 거쳐서 이루어진다. 먼저 생각[意]이 일어나서 말[口]을 하고, 연이어 몸[身]으로 행동을 하게 된다. 이것을 신구의身口意 3업이라고 한다. 업을 빨리어로 깜마kamma라고 하는데 업, 행, 행위, 일, 직업 등의 의미를 가진다. 이 행위는 앞서 의도하는 마음이 있어서 이루어지는 것으로 마음의 작용이라고 볼 수 있다. 업은 행위이고 이 행위는 앞선 마음이 시켜서 하는 것이므로 마음의 형성력이라고도 한다. 그래서 업과 행위와 마음의 의도는 동의어이다.

8) 아귀餓鬼는 지옥, 축생, 아수라와 함께 4악도의 생명 중 하나이다. 불선업의 마음 중에서도 인색하고 집착하는 마음이 강하면 아귀로 태어난다. 아귀는 독립된 주거공간이 따로 없고 어둡고 음습한 곳에서 산다. 아귀에는 항상 먹어도 배고픈 아귀, 피고름을 먹고 사는 아귀 등 네 가지 종류가 있다. 이외에도 어리석음과 잔인한 마음이 강하면 축생으로, 성냄이 강하면 아수라의 과보를 받아 태어나는데, 고통 속에서 살아가는 4악도의 생명들은 업이 다하면 벗어난다.

죽음을 두려워하는
두 번째 부류의 사람들
—자기 자신에 집착하는 사람

"공덕을 지은 수행자 여러분! 두 번째 부류의 사람들에 대해 말하겠습니다. 꼭 기억하십시오! 부처님께서는 '자누소니여, 자기 자신에게 지나치게 집착하는 사람은 죽을 때 자기 몸을 아주 완전히 떠나야 한다는 사실이 큰 두려움으로 다가온다'라고 말씀하셨습니다."

"그렇습니다."

"그 사람은 그동안 영원하지 않은 것을 영원하다고 믿어왔기 때문입니다."[1]

"그렇습니다."

"또 이런 사람은 '자아'에 집착한 만큼 그의 몸을 사랑합니다. 그래서 죽어갈 때 몸에서 고통스런 느낌이 점점 더 커지고, 자신이 죽음의 문턱에 이르렀다는 것을 깨달으면 이 사람도 역시 두려움을 느낍니다. 이 점을 명심하십시오. 여러분, 그러므로 자신을 사랑하는 사람은 두려워하면서 죽을 것입니다."

"그렇습니다."

"지금까지 몇 번째 부류의 사람들에 대해 말하고 있습니까?"

"두 번째 부류입니다."

"첫 번째 부류인 자식과 재산을 사랑하는 사람은 어떻습니까?"

"두려워하면서 죽습니다."

"그리고 자신의 몸을 그토록 사랑하면서 죽는 사람도 두려워하며 죽습니다. 이제까지 두 부류의 사람들을 살펴보았습니다."

"그렇습니다."

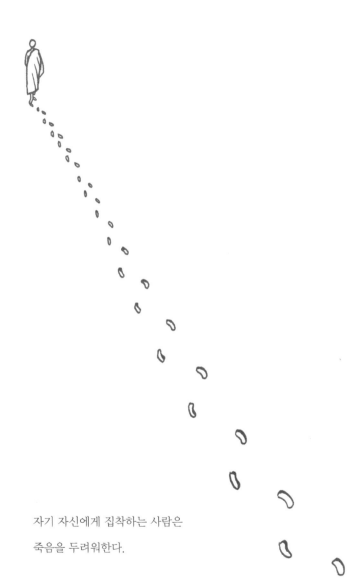

자기 자신에게 집착하는 사람은
죽음을 두려워한다.

"죽음을 두려워하는 네 부류의 사람들 중에서 첫 번째 부류의 사람
들은……."

"자식과 재산에 집착하는 사람들입니다."

"죽음을 두려워하는 네 부류 중 두 번째 부류의 사람들은……?"

"자기 자신에게 집착하는 사람들입니다."

1) 영원히 지속된다는 개념의 영혼이 있다는 것을 믿거나 그런 견해를 가지는 것을 상견常見이라고 한다. 상견은 유신견, 단견과 함께 부처님께서 말씀하신 세 가지 삿된 견해[邪見]에 속한다.

(1) 몸과 마음은 '있는 것'으로 실재하는 것이다. 그리고 이것을 유신有身이라고 한다. 그러나 몸과 마음을 '나', '자아' 혹은 인격체로 본다면 이는 잘못된 견해이다. 이것을 유신견有身見이라고 한다. 수행자가 대상을 볼 때 있는 그대로 보지 않고 '내가 본다'고 생각한다면 이는 유신견을 가지고 보는 것이 된다. 유신견은 욕망의 세계에 존재를 붙들어 매는 번뇌에 속하는 것으로, 유신견이 있는 한 열반을 성취할 수 없다.

(2) 상견常見은 '존재에 대한 갈애'로서 자아라는 실체 또는 영혼이 지속적으로 존재한다는 믿음이다. 그래서 항상 하다는 뜻으로 상견이라고 한다.

(3) 단견斷見는 '비존재에 대한 갈애'로서 죽으면 모든 것이 끝이라는 믿음이다. 그러므로 삶이 끝나기를 갈망한다. 단견을 믿는 사람들에게는 원인과 결과가 없기 때문에 자칫 인생을 소중히 여기지 않고 악행을 저지를 가능성이 높다.

죽음을 두려워하는
세 번째 부류의 사람들
-선한 공덕을 쌓지 못한 사람

"수행자 여러분, 세 번째 부류의 사람들에 대해 말하겠습니다. 이 세 번째 부류의 사람들은 탐욕, 성냄, 어리석음을 가지고 물건을 사기도 하고 팔기도 합니다. 또한 여러 가지 형태의 부도덕한 행위를 하면서 살아온 사람들입니다. 이런 사람들은 알아차리는 수행도 하지 않았을 것입니다. 또한 오온[1]을 바르게 이해하지도 못했습니다. 자신의 '마음의 눈'으로 일어남과 사라짐의 현상인 무상과 무아를 구분하고, 또 지켜보는 수행을 할 수도 없었을 것입니다. 그래서 그들은 도덕적이고 칭찬받을 만한 선한 공덕을 쌓지도 못했습니다."

"그렇습니다."

"아무런 공덕도 쌓지 못한 사람들은 죽음이 임박해서 고통스런 느낌이 강렬해질 때 이렇게 탄식합니다. '아, 나는 게을러서 아무런 선한 공덕도 쌓지 못했구나! 바르게 살지도 못하고 자식들이 잘되는 것과 재산을 늘리는 것으로 시간을 다 허비했구나! 알아차리는 수행을 할 기회도 갖지 못하고, 중요하지 않은 것들을 더 중요하게 생각하며 어리석게만 살아왔구나!' 이렇게 자기가 저지른 나쁜 짓과 게으름을 깨달으면서 심한 죄책감에 빠집니다. 그 결과로 그는 두려워하면서 죽습니다."

"그렇습니다."

"지금까지 몇 부류를 했습니까?"

"세 부류입니다."

"이런 사람은 자신이 저지른 온갖 불선한 것들, 쓸데없이 게으름을 피운 시간들, 아들딸의 행복과 자신의 이익만을 챙긴 것, 상사의 지시를 따르느라 시간과 노력을 헛되이 보내면서 인생을 낭비한 것들을 후회합니다. 수행자 여러분, 그는 후회하고 두려워하면서 죽습니다."

"그렇습니다."

"이것은 분명합니다."

"분명합니다."

"지금까지 몇 부류를 했습니까?"

"세 부류까지 했습니다."

"죽음을 두려워하는 네 부류의 사람들 중 첫 번째 부류의 사람들
은……?"

"자식과 재산에 집착하는 사람들입니다."

"죽음을 두려워하는 네 부류의 사람들 중 두 번째 부류의 사람들
은……?"

"자기 자신에게 집착하는 사람들입니다."

"죽음을 두려워하는 네 부류의 사람들 중 세 번째 부류의 사람들
은……?"

"선한 공덕을 쌓지 못한 사람들입니다."

1) 오온五蘊의 온蘊. khandha은 무더기, 덩어리, 모임 등을 뜻한다. 오온은 색色. rūpa, 수受. vedanā, 상想. saññña, 행行. sankhāra, 식識. viññāna의 다섯 가지 무더기를 말한다. 이것들은 각각 물질의 무더기인 색온色蘊, 느낌의 무더기인 수온受蘊, 지각과 표상작용의 무더기인 상온想蘊, 마음에 의한 형성력의 무더기인 행온行蘊, 의식의 무더기인 식온識蘊으로 이루어져 오온이라고 한다. 12연기에서는 오온을 연기적 구조로 표현한다. 그래서 원인과 결과에 의해 일어나는 식, 정신과 물질, 육입, 접촉, 느낌의 다섯 가지로 되어 있다.

죽음을 두려워하는
네 번째 부류의 사람들
−12연기를 이해하지 못한 사람

"수행자 여러분, 계속해서 남은 한 부류의 사람들에 대해 말하겠습니다. 부처님께서는 '아직 한 부류의 사람이 더 남아 있다'고 말씀하셨습니다. 여기에 대해서 '어떤 부류인가'라고 묻는다면, 수행자 여러분 그리고 비구들이여! 부처님께서는 다음과 같이 가르쳐주셨습니다."

"……."

"무명無明을 원인으로 무엇이 일어나는가 하면……?"

"행行1)이 일어납니다."

"행을 원인으로……?"

"식識2)이 일어납니다."

"식을 원인으로……?"

"정신과 물질[名色]3)이 일어납니다."

"정신과 물질이 일어나면, 정신과 물질을 원인으로 무엇이 일어납
니까?"

"육입六入4)이 일어납니다."

"육입을 원인으로……?"

"촉觸5)이 일어납니다."

"촉을 원인으로……?"

"느낌[受]6)이 일어납니다."

"느낌을 원인으로……?"

"갈애渴愛7)가 일어납니다."

"갈애를 원인으로……?"

"집착8)이 일어납니다."

"집착을 원인으로……?"

"업의 생성[有]이 일어납니다."

"업의 생성을 원인으로……?"

"생生이 일어납니다."

"생을 원인으로……?"

"노사老死가 일어납니다."

"그는 연기緣起의 시작을 모릅니다."

"그렇습니다."

"그는 연기의 시작이 무명이라는 것을 모릅니다. 안타깝게도 이 사람은 모릅니다."

"그렇습니다."

"또한 연기의 끝이 노사老死라는 것을 모릅니다."

"그렇습니다."

"또한 그는 중간을 모릅니다. 연기의 중간 부분을 모릅니다."

"맞습니다."

"끝을……?"

"그는 모릅니다."

"연기의 시작과 끝, 이 둘을⋯⋯?"

"그는 모릅니다."

"그는 모른다고 말하는데, 이런 식으로 그는 연기를 모르기 때문에 '아, 나는 어디서 왔고, 또 어디로 가야 하는가?' 하며 그 마음에 혼란이 일어나고⋯⋯?"

"참으로 그렇습니다."

"죽음이 가까워져 고통과 통증이 증가하여 모든 고통이 덩어리로 나타나면, 혼란과 의심[9]이 일어나지 않을까요?"

"네, 일어납니다."

"이런 경우는 연기를 이해하지 못하기 때문입니다."

"네, 그렇습니다."

"연기를 이해하지 못한 사람들은 자신이 어디서 왔으며, 죽어서 어디로 가는지를……?"

"모릅니다."

"자신의 내면에 혼란스럽고 당황하여 의심하는 마음이 있는 줄을 모르는 것입니다."

"맞습니다."

"요약하자면, 의심은 사실 무명입니다. 이해하시겠습니까?"

"이해합니다."

"이 무명은 연기를 모르는 것이고, 연기의 시작을 모르는 것이고, 연기의 끝을 모르는 것입니다. 그 시작과 끝을 모르는 것입니다. 이런 식으로 불佛, 법法, 승僧, 삼보三寶에 대한 믿음도 없습니다."

"그렇습니다."

"이처럼 불법승 삼보를 믿지 않는 사람은 당연히 연기의 시작에 대해서도, 연기의 끝에 대해서도 믿지 않습니다."

"그렇습니다."

"수행자 여러분, 이렇게 사는 사람은 또한 죽음이 가까이 왔을 때 당황합니다."

"그렇습니다."

"어디로 가는지도 모르면서 죽어야만 하기에 두렵습니다."

"그렇습니다."

"어디로 가는지 모르면서 죽어야만 하는 그 마음은 어떠할까요?"

"두려움을 느낍니다."

"연기를 이해하지 못하는 이런 사람들은 두려워하면서 죽습니다."

"그렇습니다."

주해

1) 12연기에서 말하는 행行과 업의 생성[業有]을 모두 업이라고 하지만 이 두 가지는 시간적으로 다른 업을 말한다. 행은 과거에 일어났던 업이고, 업의 생성은 현생에서 일으키는 업이다. 이와 같이 의도에 의해 일어난 것은 같지만 과거 생에서의 의도와 현생에서의 의도는 다르다. 이를 구별하기 위해서 과거의 업인 행行. saṅkhāra은 업의 형성이라 하고, 현생의 행은 업의 생성業有. kammabhava이라고 한다. 그러므로 업의 생성은 현재 새로운 업을 만들어나가는 것을 말한다.

2) 식識. viññāna은 아는 마음이다. 오온의 색, 수, 상, 행, 식에서 아는 마음을 식이라고 한다. 한 생명이 시작되는 최초의 마음일 때는 재생연결식이라 하고, 그다음부터는 식이라고 한다.

3) 명색名色. nāma rūpa은 정신과 물질이다. 윤회는 한 생에서 다음 생으로 이어지는 윤회가 있고, 순간에서 순간으로 이어지는 매 순간의 윤회가 있다. 이렇게 매 순간 윤회할 때의 식識은 연기에서 말하는 선행하는 마음에 속한다. 앞에서 이끄는 마음에 의해 즉시 그 순간의 몸이 바뀐다. 성난 마음이 선행하면 그 순간 명색도 성난 몸과 마음이 된다.

4) 육입六入. salāyatana은 여섯 가지 감각기관인 안, 이, 비, 설, 신, 의를 말한다. 이것을 육근六根, 육내처六內處라고도 하는데, 감각대상이 감각기관에 부딪치는 문이라고 해서 육문六門이라고도 한다.

5) 여섯 가지 감각기관[眼, 耳, 鼻, 舌, 身, 意]과 여섯 가지 감각대상[色, 聲, 香, 味, 觸, 法]이 부딪쳐서 여섯 가지 아는 마음이 일어나는데, 이것을 육식六識이라고 한다. 이때 세 가지의 부딪침을 접촉phassa이라고 한다.

6) 여섯 가지 감각기관에 여섯 가지 감각대상이 부딪쳐 여섯 가지 아는 마음이 일어나는 접촉으로 인해 느낌[受. vedanā]이 일어난다. 느낌은 맨 느낌과 육체적인 느낌, 정신적인 느낌이 있다. 육체적인 느낌은 세 가지로, 즐거운 느낌, 괴로운 느낌, 덤덤한 느낌이 있고, 정신적인 느낌은 두 가지로, 정신적으로 괴로운 느낌, 정신적으로 즐거운 느낌이 있다. 대상을 인식하는 것은 모두 느낌으로 안다. 오온의 느낌에서 갈애로 넘어가지 않고 '있는 그대로' 알아차리면, 집착이 일어나지 않기 때문에 윤회를 끝내는 출세간으로 가게 된다. 그래서 위빠사나 수행은 몸과 마음에서 일어나는 느낌의 변화를 알아차리는 것으로부터 시작한다.

7) 갈애[渴愛. tanhā]는 바라는 마음, 갈망을 의미하는 것으로, 감각기관과 감각대상이 부딪쳐서 느낌이 일어날 때 생긴다. 예를 들어 눈이라는 시각기관과 대상이 부딪칠 때 느낌이 일어나고, 이때 사물에 집착하는, 물질에 대한 갈애가 생긴다. 마찬가지로 소리, 냄새, 맛, 접촉, 마음과 부딪칠 때 다섯 가지 대상에 대한 갈애가 일어난다. 갈애는 '감각적 욕망에 대한 갈애', '존재에 대한 갈애', '비존재에 대한 갈애'가 있다.

8) 집착[取. upādāna]은 갈애로 인해 조건 지어진 것으로 대상을 움켜잡는 특성이 있다. 그래서 집착으로부터 벗어나지 못한다. 집착에는 '감각적 욕망에 대한 집착', '잘못된 견해[邪見]에 대한 집착', '계율과 의식에 대한 집착[戒禁取見]', '자아에 대한 집착', 이 네 가지가 있다.

9) 혼란과 의심은 '회의적 의심[vicikicchā]'이라고도 하며, 불법승 삼보와 수행방법에 대한 불확실성 때문에 의심하는 것을 말한다. 이런 의심은 주저하는 마음

을 일으켜 수행을 하지 못하게 한다. 회의적 의심은 감각적 욕망, 악의, 게으름, 들뜸과 함께 우리가 가지고 있는 다섯 가지 장애[五蓋] 중 하나다. 또한 존재를 붙들어 매는 열 가지 족쇄의 하나이기도 하다. 죽음을 맞으면서도 미래에 대한 불확실성 때문에 당황하고 두려움을 갖게 된다. 이것도 '회의적 의심'이다.

12 연기와 위빠사나 수행

"이제 수행자 여러분은 연기를 이해하기 때문에 모두가 어디로 가는지 분명히 알고 있습니다."

"그렇습니다."

"무명이 있을 때, 반드시 행이 일어납니다."

"그렇습니다."

"행이 있을 때······."

"식이 일어납니다."

"식이 있을 때……."

"정신과 물질이 일어납니다."

"정신과 물질이 있을 때……."

"육입이 일어납니다."

"이제 완전한 지혜로 연기의 끝을 보면 무명은 소멸합니다. 그렇게 되면……?"

"행이 소멸합니다."

"행이 소멸하면……."

"식이 소멸합니다."

"식이 소멸하면……."

"정신과 물질 또한 함께 소멸합니다."

"수행자 여러분은 이제 이렇게 소멸한다는 것을 알게 되었습니다. 자, 이 위대한 연기가 그렇게 심오하다는 것을 알았는데, 그렇다면 위빠사나 수행을 어떻게 하는지 모르는 사람은 계속해서 윤회의 수레바퀴를 돌리는 이 연결고리에서 빠져나올 수 있을까요?"

"결코 빠져나올 수 없습니다."

"그러면 위빠사나 수행으로 '업의 굴레'를 끝낸 사람은 빠져나올 수 있을까요?"

"빠져나올 수 있습니다."

"연기의 고리에서 빠져나오려면 '접촉의 소멸은 느낌의 소멸'이라는 것을 알 수 있어야 합니다."

"그렇습니다."

"접촉이 소멸하면……."

"느낌이 소멸합니다."

"접촉이 소멸한 것을 알아차리면 느낌도 사라진다는 것을 알지 않습니까?"

"네, 압니다."

"위빠사나의 알아차리는 수행을 통해 '연기의 원인과 결과'를 완전하고 뛰어나게 아는 사람이라면, 현재 느낌이 일어나고 그것이 강렬해질 때, 그것을 지켜보고 알아차려서, 이 느낌이 접촉을 원인으로 해서 일어난다는 것을 알게 됩니다."

"그렇습니다."

"위빠사나 수행을 한 사람이 그것을 모를까요?"

"압니다."

"그렇게 말한다면 그 사람에게 '회의적 의심'이 일어날까요?"

"일어나지 않습니다."

"이 모든 것들이 '어디서 오는가'에 대한 혼란과 의심이 있나요?"

"없습니다."

"그렇게 의심이 소멸합니다."

"네, 그렇습니다."

"어디서 그리고 어떻게 이 같은 고통스러운 '느낌'이 일어나게 되는가를 혼란스러워하는 마음이 그에게 다시 일어날까요?"

"일어나지 않습니다."

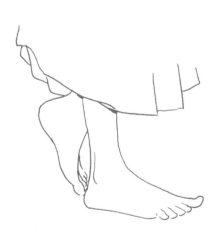

"그렇습니다! 수행자 여러분, 접촉을 조건으로……."

"느낌이 일어납니다."

"접촉으로 인해 느낌이 일어납니다."

"그렇습니다."

"접촉이 소멸하면……."

"느낌도 소멸합니다."

"그렇기 때문에 우리는 이 미세한 느낌들이 일어나고 사라지는 것을 계속해서 지켜보는 것입니다."

"그렇습니다."

"이렇게 계속해서 미세한 느낌들이 일어나고 사라지는데 이 느낌이 일어나고 사라지는 것을 지켜보는 것이 바로 도道입니다.[1] 도는 이렇게 만들어집니다."

"네, 그렇습니다."

위빠사나의 알아차리는 수행을 통해

연기의 원인과 결과를 완전하게 아는 사람이라면

연기가 끊어진다.

"자, 이제는 이해하시겠습니까?"

"네, 이해합니다."

"그러면 느낌이란 무엇입니까?"

"단지 일어나고 사라지는 현상입니다."

"자, 그렇다면 지켜본다는 것은 무엇입니까?"

"도입니다."

"자, 수행자 여러분! 우리 모두라고 말해야겠지요. 죽음을 향해 나아가는 과정에서 우리에게 도가 있다면, 그래도 여전히 갈애, 집착, 재생에 영향을 미치는 업의 생성, 생, 노사가 따라오게 될까요?"

"따라오지 않습니다."

"우리는, 물론 우리 모두가 그렇지만, 죽음을 피할 수는 없습니다. 하지만 혼란으로부터 자유로울 수는 있지 않겠습니까?"

"네, 그렇습니다."

"접촉이 일어나면, 또한 느낌이 일어납니다."

"맞습니다."

"접촉을 멈추면……."

"느낌이 멈춥니다."

"느낌의 소멸을 위해 우리는 현상의 일어남과 사라짐을 지켜봅니다. 또 느낌은 바로 일어나고 사라집니다. 우리의 마음에 깨어서 지켜보는 도가 있으면 연기가 끊어진 상태가 아닙니까?"

"네, 끊어진 상태입니다."

"이런 정신적 상태가 이루어진 사람에게 연기는 끊어집니다."

"그렇습니다."

"그렇지만 조건 지어진 태어남이 새롭게 일어나고 또 일어나서 그런 상태를 이룰 수 없는 사람은 연기의 소멸로 이어지지 않습니다."

"네, 그렇습니다."

"윤회의 고리에서 빠져나온 사람, 정신적으로 빠져나올 줄을 아는 사람은……."

"연기가 끊어졌습니다."

"이해하시겠습니까?"

"네, 이해합니다."

"무명으로 인해 연기를 어떻게 끊는지 모르고, 연기의 굴레를 빠져나오지 못하는 사람은 새로운 윤회가 이어집니다."

"윤회가 이어집니다."

"정신적으로 어떻게 끊는지 모르는 사람은 정신적으로 자유로워질 수 없고 새로운 윤회가 이어집니다."

"윤회가 이어집니다."

"정신적으로 어떻게 빠져나올 줄을 아는 사람은……."

"연기가 끊어집니다."

"앞서 말한, 두려워하는 사람은 연기의 시작을 모릅니다."

"네, 모릅니다."

"또한 그 끝도……."

"모릅니다."

"시작과 중간 그리고 끝을 모두……."

"모릅니다."

"그래서 그는 굉장히 혼란스러운 상태에서 죽음을 향해 갑니다."

"네, 그렇습니다."

"내가 죽으면 '어디로 가는 것일까' 하고 당황하면서 두려워하게 됩니다!"

"네, 두려워합니다."

"그렇게 두려워하지 않습니까?"

"두려워합니다."

"그렇지만 여기 있는 수행자 여러분은 이미 알고 있지만, 이런 느낌이 '나의 것'이 아니란 것을 알고 있으면……."

"두렵지 않습니다."

❄ 편주

우 탄 다잉이 편역한 모곡 사야도의 12연기 법문인 『어디서 와서 어디로 가는가』 제20장 '청정에 대한 문답'에 보면, 수행자의 지혜 향상에 관하여 다음과 같은 부처님의 두 제자간의 문답이 나온다.

부처님께서 살아 계시던 어느 날, 꼬티까 장로가 부처님의 상수 제자인 사리뿟따 장로께 와서 물었다.

"사리뿟따 형제시여, 청정하게 계율을 지키고 '바른 마음가짐'을 지닌 범부가 수다원도를 얻으려면 무엇을 어떻게 해야 합니까?"

사리뿟따 장로께서 답하셨다.

"꼬티까 형제여, 청정하게 계율을 지키고, 바른 마음가짐을 지닌 범부가 수다원도를 얻기 위해서는 오온의 일어남과 사라짐의 성품에 대해 알아차려야 합니다."

그러자 다시 꼬티까 장로가 질문하였다.

"그렇다면 형제시여, 다시 수다원의 도과를 얻은 자가 사다함도를 얻기 위해서는 무엇을 어떻게 해야 합니까?"

이 질문에 대해 사리뿟따 장로께서는 이렇게 대답하셨다.

"바른 태도를 가진 수다원의 도과를 얻은 자는 오온의 일어남과 사라짐의 성품에 대해 알아차려야 합니다."

꼬티까 장로는 다시 사리뿟따 장로께 사다함과 아나함은 다음의 더 높은 도과를 성취하기 위해 무엇을 어떻게 해야 할지를 다시 질문하였다. 이에 사리뿟따 장로께서는 앞서와 같이 다음의 높은 단계를 얻기 위해서는 오온의 일어남과 사라짐의 성품에 대해 알아차려야 한다고 말씀하셨다. 그분은 또한 아라한마저도 과果를 성취한 지복을 누리기 위해서는 오온의 일어나고 사라지는 현상에 대해 지속적으로 알아차려야 한다고 덧붙어 말씀하셨다.

여기서 '바른 마음가짐'이란 바른 지혜에 대한 바른 태도이다. 즉, 이치에 맞게 숙고[如理作意]하는 것을 말한다. 이것이 의미하는 바는, 물질[色]은 물질일 뿐 '나' 혹은 '내 것'이 아니며, 느낌[受]은 느낌일 뿐 '나' 혹은 '내 것'이 아니고, 또한 지각[想]과 행[行] 또한 지각과 행일 뿐 '나' 혹은 '내 것'이 아니라는 것이다. 즉, '바른 마음가짐'이란 '실재하는 법'을 통해 사물을 있는 그대로 보는 것을 의미한다.

꼬띠까 장로는 그 자신이 아라한임에도 불구하고 젊은 비구들의 이익을 위해 사리뿟따 장로에게 이러한 질문을 드렸던 것이다.

주해

1) 여기서 말하는 도道는 사성제인 고집멸도 중에서 도성제道聖諦, 즉 팔정도八正道에 해당한다. 팔정도는 정정진正精進, 정념正念, 정정正定, 정견正見, 정사유正思惟 등 여덟 가지의 성스러운 길을 말한다. 위빠사나 수행을 계戒, 정定, 혜慧 수행이라고 하는데 이는 여덟 가지의 삶의 길인 팔정도를 의미한다. 팔정도의 정正은 바르다, 분명하다, 정확하다는 뜻이 있지만 수행의 입장에서는 '알아차림이 있는'이라는 의미이다. 팔정도는 도에 해당되지만 궁극적으로는 소멸, 즉 열반을 이루어야 하는데 팔정도가 없이는 이 도를 이룰 수 없다.

연기를 끊은 사람

"무상無常이란 바로 '일어남과 사라짐'입니다."

"그렇습니다."

"죽음에 이르러 일어남과 사라짐을 객관적으로 떨어져서 지켜보면, 갈애가 뒤따라 일어날까요?"

"일어나지 않습니다."

"먼저 갈애가 없다면, 집착은 어떻게 될까요?"

"집착 또한 일어나지 않습니다."

"업의 생성은 어떻습니까?"

"역시 일어나지 않습니다."

"이런 것들이 일어나지 않는다면, 수행자 여러분, 거기에 태어남[生]은⋯⋯?"

"없습니다."

"원인이 소멸하면 결과도 소멸하는 연기를 이해하지 못하는 사람들은 죽음을 참으로 두려워합니다."

"정말 그렇습니다."

"오, 우리에게 연기는 괴로운 것인가요, 아니면 일어나고 사라지는 느낌인가요? 생각해 보십시오."

"단순히 일어나고 사라지는 느낌입니다."

"그것은 바로 느낌이 일어나고 사라지는 현상입니다. 오! 일어남과 사라짐 그리고 그것을 지켜보는 것이 바로 열반에 이르는 길인 도^道 입니다."

"그렇습니다."

"느낌의 일어남과 사라짐 그리고 그것을 지켜보는 것이······."

"도입니다."

"도가 실현되면 연기가 계속해서 회전하나요?"

"회전하지 않습니다."

"수행자 여러분, '일어남과 사라짐'에 대한 알아차림을 하는 사람에 게 '회의적 의심'이 있을까요?"

"없습니다."

"접촉의 소멸로 인해서 느낌이 소멸합니다."

"소멸합니다."

"접촉이 일어나기 때문에……."

"느낌이 일어납니다."

"이 경우에 거기에는 일어남과 사라짐이 있습니다."

"네, 그렇습니다."

"일어남과 사라짐을 알고 계속 지켜본 사람은 죽을 때 수다원, 사다함, 아나함, 아라한의 도[1] 가운데 하나를 얻습니다. 그들에게 두려움이 있을까요?"

"두려움이 없습니다."

"이 자리에 있는 수행자 여러분, 연기의 회전을 끊을 수 없는 사람은 반드시 두려워합니다."

"네, 두려워합니다."

일어남과 사라짐의 현상을 알고 이해하는

연기를 끊은 사람은

죽음을 전혀 두려워하지 않는다.

"그러나 연기와 더불어 '일어남과 사라짐'의 현상을 알고 이해하는 사람은 죽음을 전혀 두려워하지 않습니다. 잘 기억해 두십시오! 부처님께서 그렇게 말씀하셨습니다."

"그렇습니다."

"이해하시겠습니까?"

"네, 이해합니다."

"수행자 여러분, 네 부류의 죽음을 두려워하는 사람들이 있습니다."

"네, 그렇습니다."

"그 첫 번째 부류로, 감각적 쾌락에 대한 집착의 다섯 가지 족쇄[2]를 끊을 수 없는 사람은 참으로 두려워합니다."

"그렇습니다."

"두 번째 부류로, 자신의 몸과 마음, 특히 자아와 감각기관에 대한
집착으로 가득 찬 사람도 역시……."

"두려워합니다."

"확실히 두려워합니까?"

"네, 두려워합니다."

"세 번째 부류로, 악업에 빠져 있는 사람 역시…….'"

"두려워합니다."

"확실히 두려워합니까?"

"네, 두려워합니다."

"네 번째 부류로, 원인으로 인해 결과가 생기고 원인이 사라지면 결과도 사라진다는 연기를 모르는 사람은…….'"

"두려워합니다."

"그 사람은 무지한 까닭에 의심과 혼란에 빠지고, 그래서 두려워합니다."

"두려워합니다."

"이제 이해하시겠습니까?"

"네, 이해합니다."

주해

1) 수다원, 사다함, 아나함, 아라한은 성인이 된 네 가지 위位를 말한다.

　(1) 수다원須陀洹은 예류과預流果라고도 하며, 도의 흐름에 이른 것을 말한다. 수다원이 되면 최대한 일곱 생을 넘기지 않고 아라한이 된다.

　(2) 사다함斯多숣은 일래과一來果라고도 하며, 인간으로 다시 한 번 더 태어나서 수행을 하여 아라한이 된다.

　(3) 아나함阿那숣은 인간으로 태어나지 않고 천상의 정거천에 태어난 뒤 아라한이 된다. 그래서 돌아오지 않으므로 불래과不來果라고 한다.

　(4) 아라한阿羅漢은 모든 번뇌가 소멸하여 더 이상 태어나지 않고 윤회를 끝낸 분이다. 공양 받을 자격이 있다는 의미로 응공應供이라고도 한다.

2) 감각적 쾌락에 대한 다섯 가지 족쇄는 욕망의 세계[欲界]에 존재를 붙들어 매는 족쇄이다. 이것을 오하분결五下分結이라고 한다. 여기에는 유신견, 회의적 의심, 계율이나 금지조항에 대한 집착, 감각적 욕망, 악의 등 다섯 가지가 있다. 반면에 색계色界와 무색계無色界에 존재를 붙들어 매는 족쇄를 오상분결五上分結이라고 한다. 오상분결에는 색계에 대한 욕망, 무색계에 대한 욕망, 아만, 들뜸, 어리석음 다섯 가지가 있다. 이상을 열 가지 족쇄라고 한다.

수다원이 되면 유신견, 회의적 의심, 계율이나 금지조항에 대한 집착, 이 세 가지가 소멸한다. 사다함은 이 세 가지 외에 감각적 욕망과 악의가 약화된다. 아나함이 되면 다섯 가지 오하분결이 소멸한다. 그리고 아라한이 되면 이상 열 가지의 족쇄가 모두 소멸한다.

죽음을 두려워하지 않는
네 부류의 사람들

"그렇다면 두려워하지 않는 사람은 몇 부류입니까?"

"네 부류입니다."

"자, 수행자 여러분, 이것은 매우 중요합니다. 모든 사람은 이 길을 가야 합니다. 누구나 다 같은 걸음으로 같은 종착지에 이를 것입니다. 여기에는 이의가 없겠지요?"

"없습니다."

"그렇다면 몇 부류의 사람들이 두려워합니까?"

"네 부류입니다."

"두려워하지 않는 네 부류의 사람들이 있다는 것도 역시 기억하십시오. 제가 확실하게 설명하겠습니다."

"네, 기억하겠습니다."

"수행자 여러분! 두려워하는 네 부류의 사람들의 조건을 반대로 바꾸면 두려워하지 않는 네 부류의 사람들이 됩니다."

"네, 그렇습니다."

"오! 죽음에 임박하여 아들과 딸도 재산 또한 '나의 것이 아니라는 것[無我]'을 생각하고, 그리고 그것들은 실로 '영원하지 않은 것[無常]'이라고 미리 알고 있는 사람, 즉 영원하지 않고 주체가 없다는 의식이 준비되어 있는 사람은 두려움이 없습니다."

"그렇습니다."

"이렇게 두려움이 없는 사람은, 그것이 '무아無我'이기 때문에 마음속에서도 무아로서 일어납니다."

"그렇습니다."

"이 거대한 몸의 무더기[色蘊]에 강렬하고 괴로운 느낌이 일어날 때, 이 사람은 그 강렬한 느낌이 자신의 의지로 일어난 것이 아님을 압니다."

"그렇습니다."

"또한 이러한 느낌들이 자신의 의지에 따라 사라지지 않는다는 것도 압니다."

"사라지지 않는다는 것도 압니다."

"그는 고통을 겪으면서 '오, 이와 같이 나의 것이 아니기 때문에 무아의 성품들이 드러나는구나'라고 깨닫습니다. 그래서 이 사람은 두려워하지 않고 그렇게 말하는 것입니다."

"두려워하지 않습니다."

"진정으로 아들과 딸, 재산을 무아로 볼 수 있다면……."

"두렵지 않습니다."

"이해하시겠습니까?"

"네, 이해합니다."

"만약에 그가 실제로 무상, 고, 무아를 두루 다 알아 익숙해져 있다면……."

"전혀 두려워하지 않을 것입니다."

"두 번째 부류의 사람 또한, 자신의 '오온'을 진정한 무상, 고, 무아로 본다면……."

"역시 전혀 두려워하지 않을 것입니다."

"자, 여기까지 우리는 죽음을 두려워하지 않는 두 부류의 사람에 대해서 이야기했습니다."

"그렇습니다."

"세 번째 부류의 사람 또한, 밤낮으로 위빠사나 수행을 하고 알아차림을 지속하여…… 필시 열반을 얻거나 또는 최소한 '욕계의 선처善處'[1]에 태어나 거기서 임무를 완수할 것입니다. 이런 사람은 죽음을……."

"두려워하지 않을 것입니다."

"일어나고 사라지는 현상을 제대로 지켜보면서 죽는 사람은······."

"두려워하지 않습니다."

"이렇게 죽는 사람들이 네 번째 부류의 사람들입니다."

"네 번째 부류의 사람입니다."

"이해하시겠습니까?"

"네, 이해합니다."

"분명합니까?"

"분명합니다."

편주

법은 누구나 와서 보라고 초대하고 있다. 이것이 바로 '와서 보라'는 뜻을 가지고 있는 '에히빠시꼬ehi-passiko'라는 법의 성품이다. 법은 모든 사람에게 '와서 보시오'라고 초대하고 있으며, 법은 누구나 볼 수 있도록 자신을 드러내고 있다. 느낌을 알아차리는 사람은 이것을 알아차리라고 느낌의 '부름'을 받은 것이다. 이 초대는 매우 중요한 것이기 때문에 수행자는 지혜와 알아차림으로 응답해야 한다. 갈애나 성냄을 가지고 그 초대에 응해서는 결코 안 된다. 수행자가 '즐거운 느낌'에 갈애로 반응하거나 '괴로운 느낌'에 성냄으로 반응하면 연기가 끝없이 계속 회전하기 때문이다.

연기는 바로 우리의 삶의 과정에서 실제로 일어나고 있는 법인 '실재하는 것'이다. 우리가 경험하는 이 느낌들은 단지 손님처럼 물질인 몸에 의존하여 왔다가 가버린다. 위빠사나의 알아차림은 이러한 느낌의 '사라짐'을 통찰하는 것이다. 만일 하나의 고통스런 느낌에 성냄과 번뇌를 가지고 반응한다면 또다시 새로운 괴로운 느낌이 일어나고, 결국 더 많은 번뇌와 성냄을 불러일으킬 것이다.

주해

1) 생명이 사는 31천은 욕계와 색계, 무색계 등 삼계가 있는데 이 가운데 욕계는 가장 아래에 속하는 곳으로 식욕, 성욕, 수면욕 등 세 가지 욕망을 가진 생명들이 산다. 이곳에는 지옥, 축생, 아귀, 아수라 등 4악도의 세계가 있고, 인간계가 있고, 사천왕천, 도리천, 야마천, 도솔천, 화락천, 타화자재천이란 욕계 천상이 있다. 이 중에서 욕계 선처善處는 욕계천상을 의미하며, '행복한 생명들이 사는 곳', '행복한 욕계'라고도 한다.

두려움 없이 죽는 길

"이상과 같이 이 자리에 참석한 수행자 여러분! 죽음에 임하여 '두려워하지 않는 네 부류의 사람에 포함되기 위해서' 여러분 모두는 이 순간부터 각자에게 주어진 과제를 확실하게 이루겠다고 선언하고 결심해야 합니다."

"그렇습니다."

"아들과 딸 혹은 재산을 무상, 고, 무아로 완전히 분리하는 것이 첫 번째 과제입니다."

"그렇습니다."

"두 번째 과제는 여러분의 오온 역시 무상,
고, 무아로 분리해야 합니다."

"네, 그렇습니다."

"세 번째 부류의 사람이 되기 위해서 우
리는 위빠사나 수행을 해야 할까요?"

"위빠사나 수행을 해야 합니다."

"위빠사나 수행의 임무를 완성해야 합
니다!"

"네, 그렇습니다."

"만일 그렇게 된다면, 우리 역시 세 번째 부류의 사람들처럼 될 것
입니다."

"그럴 것입니다."

"네 번째로 죽음에 임박하여 느낌이 일어날 때 그 사람은 어떻게 해야 할까요?"

"일어남과 사라짐의 현상을 지켜보아야 합니다."

"이 네 번째 부류의 사람은 고통스런 느낌의 '일어나고 사라지는' 현상을 지켜보는 동안 죽음에 이르러 도의 지혜를 얻습니다."

"그렇습니다."

"그렇게 하면 도를 얻지 않겠습니까?"

"도를 얻습니다."

"부처님께서는 '공덕을 지은 자, 브라만 자누소니여, 이 네 부류의 사람들은 이러한 깨달음이 있기 때문에 죽음을 두려워하지 않는다'라고 말씀하셨습니다."

"그렇습니다."

"죽음을 두려워하는 사람들이……?"

"네 부류입니다."

"죽음을 두려워하지 않는 사람들도……?"

"네 부류입니다."

"수행자 여러분, 부처님께서는 이와 같이 죽음을 두려워하지 않는 네 부류의 사람들이 있다고 말씀하셨습니다. 그리고 계속해서 부처님께서는 '공덕을 지은 자, 브라만을 위해 좀 더 분명한 가르침을 주겠다'고 말씀하셨습니다."

"그렇습니다."

"아들과 딸을 단지 위빠사나 수행의 대상으로만 보는 사람은 자신의 오온을 어떻게 볼까요?"

"그것을 위빠사나 수행의 대상으로 봅니다."

"두 번째 부류도 마찬가지로 자신의 오온을 위빠사나 수행의 대상으로 봅니다."

"그렇습니다."

"세 번째 부류는 위빠사나의 주제로서 항상 자신의 마음을 지켜보고 있습니다."

"그렇습니다."

"또한 네 번째 부류는 죽어가는 바로 그 순간에 느낌을 알아차리면서 최후를 맞이합니다."

"그렇습니다."

"이런 사람들은 죽음의 순간에 두려워하지 않습니다."

"그렇습니다."

"이들이 왜 죽는 것을 두려워하지 않는가 하면, 비록 죽음을 맞이하는 시점에서 도를 얻지는 못하더라도 자신이 가야 할 다음 생인 욕계의 선한 존재로 곧바로 모습을 드러내어, 그곳에서 수다원을 얻을 수도 있기 때문입니다. 다음 단계의 열반을 실현한 사다함이나 세 번째 단계인 아나함을 얻을 수도 있습니다. 이것은 부처님께서 하신 말씀입니다."

"그렇습니다."

"그는 잠자다 깨어난 사람처럼 죽은 뒤 바로 욕계의 선한 존재가 되어 있거나 또는 그가 어디에 태어났는지 알기도 전에 수다원, 사다함, 아나함의 도과를 얻을 수도 있습니다."

"그렇습니다."

"죽어가는 순간에 느낌을 알아차리면서 죽음을 맞이하는 사람은 욕계의 선한 존재가 될 것이 확실하지 않습니까?"

"확실합니다."

"그러므로 여러분, 생각해 보십시오! 수행을 해서 위빠사나 도의 이런 단계를 성취한 사람이 죽음 앞에서 두려워하겠습니까?"

"더 이상 두려워하지 않습니다."

"이렇게 죽음을 두려워하지 않는 부류에 포함되기 위해서 모든 수행자 여러분은 미리부터 노력해서 여러분 각자의 임무를 완수해야 합니다."

"그렇습니다."

"그 기회가 수행자 여러분의 손에서 덧없이 사라져버리게 할 수는 없습니다."

"그렇게 할 수 없습니다."

"이 자리에 모인 수행자 여러분! 우리 모두는 함께 진실한 마음과 자애심으로 서로를 격려하며 각자의 맡은 임무를 완수할 수 있도록 준비하고 노력해야 합니다."

"그렇습니다."

"만일 여러분의 임무인 위빠사나 수행을 하다가 죽는다면, 여러분은 다음 생에서 반드시 그 임무를 완수할 수 있을 것입니다."

"그렇습니다."

"아니면 이번 생에 위빠사나의 임무를 완수하겠다고 결심한 사람은 괴로움의 완전 소멸을 이루기 위해 노력하고, 그래서 열반의 지복을 누리게 된다면, 그의 임무를 완성하는 것입니다."

"네, 완성한 것입니다."

이번 생에 우리의 임무인 위빠사나 수행을 하다 죽는다면
죽는 것이 두려울 이유가 없다.

"그에게는 죽는 것이 두려울 이유가 없습니다."

"두려울 이유가 없습니다."

"그와 같이 수행자 여러분, 첫 번째 부류의 사람은 '자식들과 소유물'을 위빠사나 수행의 주제로 본 것입니다."

"그렇습니다."

"자신의 오온 역시……."

"위빠사나 수행의 주제여야 합니다."

"이것을 이해하시겠습니까?"

"이해합니다."

"그 무엇보다도 여러분은 알아차릴 대상이 있을 때마다 주시를 해야 합니다."

"그렇습니다."

"세 번째, 네 번째 부류의 사람들도 모두 죽음에 임박하여 느낌을 알아차리는 수행을 지속해야 할 것이고, 도과$^{道果1)}$의 성취를 위해서 자기 과업을 완성하는 데 초인적인 노력을 해야 할 것입니다."

"그렇습니다."

"이해하시겠습니까?"

"이해합니다."

느낌은 현재의 어떤 순간에나 단지 하나의 느낌만 있을 수 있다. 만일 괴로운 느낌이 있다면 그 순간에 나머지 다른 두 느낌은 없다. 예를 들어, 더운 여름날 부채질을 해 시원한 바람을 일으킨다면 이때 시원하게 느껴지는 '즐거운 느낌'이 있을 것이다. 반면에 부채를 부치기 전에는 더위를 싫어하는 '괴로운 느낌'이 있었을 것이다. 또 이 두 가지 느낌 사이에 좋지도 싫지도 않은 '덤덤한 느낌'이 있는 순간도 있었을 것이다. 이와 같이 느낌은 어느 순간에나 이 세 가지 느낌 중 하나만 느낄 수 있다. 수행자가 이것을 알아차리면 하나의 느낌이 일어났다 사라지는 것을 명확히 알 수 있다. '한순간에 두 가지의 느낌이 동시에 존재할 수 없기 때문'에 언제나 '느낌이 일어난 이후'에 그것을 아는 알아차림의 과정이 있다. 그러므로 우리는 오직 '접촉이 일어난 결과로서만' 그것을 알아차릴 수 있다. 느낌이 사라진 이후에 그 느낌을 알아차린다는 것은 그 느낌이 사라진 것을 연속해서 알아차린다는 것이다.

그러나 이런 느낌에 대한 알아차림은 매우 짧다. 먼저 일어나는 것을 알고, 다음에 사라지는 것을 아는 것과 같이 매우 짧은 한순간의 일이다. 그리고 언제나 느낌이 일어난 후에야 알아차릴 수 있다. 그러므로 그 느낌의 일어남이 시작하는 순간을 알아차리기는 불가능하다. 한순간에 두 개의 마음이 동시에 일어나는 일은 결코 없기 때문이다. 우리는 오직 느낌이 일어났다가 '사라진 후'에 그 느낌의 부재를 통하여 추론적으로 방금 전에 일어났던 느낌을 알 수 있다.

동시에 두 가지 마음이 일어나는 일은 결코 없다는 것을 아는 수행자는 지켜볼 대상이 '없기' 때문에 '소멸' 또는 '사라짐'만을 계속해서 알아차릴 수 없다는 것을 쉽게 이해할 것이다. 항상 '새로운 일어남'에 대한 빠른 알아차림에 뒤이어 그것의 '사라짐'에 대한 빠른 알아차림이 따라온다. 주시자가 단지 '사라짐'에만 주의를 기울이게 되면, 일어난 다음에는 항상 '사라지는 것', 혹은 '아무것도 없는 것'만을 반복적으로 알아차리게 된다.

1) 성인의 4위四位에 오르기 위해서는 각각 4단계의 도와 과의 과정을 거친다. 도道, magga는 바른 길로서 지향하는 것이고, 과果, phala는 결과를 얻은 것을 말한다. 도와 과가 합쳐서 열반에 이른다. 도와 과는 수다원의 도과, 사다함의 도과, 아나함의 도과, 아라한의 도과가 있다. 이상의 4위와 여덟 가지 도과를 사쌍팔배四双八輩라고 한다.

미소 짓는 이유

"부처님께서는 이런 방법으로 미소 지으며 죽음을 맞이하는 사람들
은 전혀 두려워하지 않는다고 말씀하셨습니다. 이해하시겠습니까?"

"이해합니다."

"그들이 두려워하지 않는 이유를 예를 들어 설명하겠습니다.

옛날에 한 장군이 있었습니다. 그리고 또 한 사람, 그가 모시고 있는 왕이 있었습니다. 어느 날 왕은 장군에게 변방에서 일어난 반란을 진압할 것을 명령했습니다. 장군은 왕의 명령에 따라 부하들을 이끌고 위풍당당하게 떠났습니다. 장군은 반란을 쉽게 진압하고 영광스럽게 돌아올 수 있었습니다. 장군은 밤이 너무 깊어 바로 집으로 돌아갔습니다. 다음날 아침 좀 더 멋진 모습으로 왕에게 승리를 보고하리라 마음먹었습니다. 그런데 장군의 성공적인 귀환 소식은 그날 밤 왕궁에 전해졌고, 왕은 기뻐하며 장군에게 적절한 포상을 해주고 싶었습니다. 그래서 그날 밤 장군의 집에 기별을 보내 다음날 아침에 보고하라고 전했습니다. 이로써 장군은 그날 밤 보고를 하지 않아도 아무 문제가 없게 되었습니다. 평소대로라면 왕에게 보고할 때 예복을 갖추고 아침 시간에 정식으로 해야 하는데, 이 시간이 되기 전에 왕의 기별을 받은 장군은 분명히 기뻐했을 것입니다."

"기뻐했을 것입니다."

"미얀마에서라면 이런 정도의 승리를 거둔 경우에 그 장군에게 한 도시나 한 마을을 다스릴 권한을 포상으로 줄 수 있었을 것입니다. 이때 장군이 느끼는 행복은 포상을 받았기 때문인가요, 아니면 포상을 받을 것에 대한 기대 때문인가요?"

"포상에 대한 기대에서 오는 행복입니다."

"분명합니까?"

"분명합니다."

"수행자 여러분, 이와 같이 죽음에 대해서 미리 준비가 잘된 사람, 즉 사람으로 태어날 선업을 쌓은 사람이나 욕계의 천인으로 태어날 선업을 쌓은 사람, 또는 열반을 향한 수행을 해서 도과를 얻은 사람들은 그들의 죽음을 어떻게 맞이하겠습니까?"

"기쁘게 맞이합니다."

"이미 수다원, 사다함, 아나함을 얻은 사람들은 그들의 오온을 벗어 버리고 편안한 마음을 느끼며 모두 기뻐하지 않을까요?"

"기뻐합니다."

"그렇습니다. 여러분들이 위빠사나 수행의 과업을 열심히 이루어간다면, 다음 생에는 그 보상으로 지금보다 즐겁고 행복한 존재가 될 것이 확실하지 않습니까?"

"확실합니다."

"그러므로 위빠사나 수행을 바르게 한 사람은 다음 생에 대한 분명한 보상을 확신하기에 미소 지으며 죽을 수 있습니다."

"그렇습니다."

"여러분, 이 장군이 좋은 예지요?"

"네, 그렇습니다."

"예, 이와 같습니다. 수행자 여러분, 여러분도 이렇게 위빠사나 수행을 바르게 하면, 미소 지으며 죽을 수 있는 사람에 포함되는 것이 확실하지 않습니까?"

"네, 확실합니다."

"죽을 때의 미소는 실제로 포상을 받았기 때문입니까, 아니면 포상에 대한 기대 때문입니까?"

"포상에 대한 기대 때문입니다."

"그 보상은 확실합니까?"

"확실합니다."

"그렇습니다. 이 위빠사나 수행은 부처님의 가르침입니다. 그러므로 여러분은 이것을 전적으로 신뢰해도 됩니다. 만약에 여러분이 '일어나고 사라지는 현상'을 알아차리는 바른 위빠사나 방법으로 수행하면서 죽음을 맞이한다면, 바로 다음 생에 재생하여 여러분의 임무를 완수할 수 있을 것입니다. 자, 이것이 부처님께서 설하신 내용의 끝입니다."

"참으로 그렇습니다."

"이상은 빨리 경전인 『앙굿따라니까야』에 기록된 내용입니다."

"사실입니다."

위빠사나 수행을 하면서 죽음 맞이하기

"자, 이렇게 설법은 끝났습니다. 우리의 부처님께서는 공덕을 지은 자, 브라만 자누소니에게 이렇게 설하셨습니다. 이것은 실제로 부처님께서 지적하신 것이기 때문에 여러분은 여기에 어떤 의심도 하지 말아야 합니다. 의심할 바 없는 사실을 근거로 한 것입니다. 이 자리에 모인 수행자 여러분은 부처님의 이러한 말씀을 전적으로 신뢰하기 바랍니다."

"신뢰합니다."

"수행자 여러분, 실제로 위빠사나 방법으로 알아차리는 수행을 하는 사람이 죽으면 분명히 욕계의 행복한 존재로 태어날 것입니다. 그곳에 태어날 뿐만 아니라 결국은 과업을 완수하여 도과를 성취한 성자의 반열에 들 것입니다. 이것이 바로 부처님의 가르침입니다."

"네, 그렇습니다."

"부처님께서는 위빠사나 수행을 하는 사람은 죽음이 가까이 왔을 때 느낌의 '일어남과 사라짐'을 알아차려서 죽음을 두려워하지 않는다고 말씀하셨습니다. 그런 사람은 피할 수 없는 죽음을 두려워하지 않을 뿐 아니라 미소 지으며 죽음을 맞이할 것이라고 하셨습니다."

"네, 미소 지으며 죽음을 맞이할 것입니다."

"그렇기 때문에 나는 여러분 모두가 두려움을 지닌 얼굴로 죽지 않고, 미소 지으며 죽을 수 있는 사람이 되기 위하여 모든 노력을 기울일 것을 거듭 권하는 것입니다. 이것이 바른 길입니다. 비록 우리 모두는 죽지만, 미소 지으며 죽느냐 혹은 두려워하며 죽느냐 하는 데에는 차이가 있습니다."

"분명히 차이가 있습니다."

"그래서 나는 여러분에게 위빠사나 수행의 노력을 포기하지 말라고 간곡히 권하는 것입니다. 위빠사나 수행의 임무를 게을리 하면 여러분은 공포에 질린 얼굴로 죽음을 맞이하게 될 것입니다. 이렇게 공포에 질린 표정은 다음 생에 지옥이나 아귀 등 사악도의 존재로 태어남을 의미합니다."

"그렇습니다."

"그래서 내가 되풀이해서 말하는 것입니다. 여러분 대부분은 끊임없이 자식들의 행복이나 직업, 재산에 관한 이야기만 합니다. 그런데 여러분들 자신을 위해서 죽음을 어떻게 맞이할 것인가에 관해서는 관심과 노력을 덜 기울이며 사는 것 같습니다. 그래서 우리의 스승이신 부처님께서는 끊임없이 여러분을 바른 방향으로 나아갈 수 있도록 경책警責하며 일깨워주시는 것입니다. 그래야 하지 않겠습니까?"

"그래야 합니다."

"여러분 자신을 되돌아보십시오. 여러분 모두는 이 생을 살면서 거의 대부분의 시간을 지금 이 순간의 안락과 자식들의 행복을 위해 바쁘게 지내고 있다는 것을 알 것입니다. 지금 여러분의 이런 모습은 이번 생에서 낮은 지위에 머물지 않으려고 노력하는 것입니다. 그래서 여러분은 앞으로 맞이하게 될 가혹한 운명으로부터 벗어날

기회라고는 조금도 없는 괴로운 길로, 아무 두려움 없이 가고 있는
것 같습니다. 지금까지 내가 말한 것을 잘 이해했을 것이라고 믿습
니다. 이제 확실하게 이해합니까?”

“네, 확실하게 이해합니다.”

"지금까지 내가 말한 것을 여러분들이 주의 깊게 들었다면, 이제 여러분은 미소 지으며 죽을 수 있도록 지금부터 최선의 노력을 다할 것이라고 결심해야 합니다."

"네, 결심해야 합니다."

"미소 지으며 죽을 수 있는 사람은 고통스런 느낌이 강하게 일어날 때 느낌의 '일어남과 사라짐'을 계속해서 알아차립니다. 이렇게 '위빠사나 방법'으로 주의를 기울이면 그런 상태를 혐오하는 단계에 이릅니다. 그런 다음에는 그러한 모든 고통이 완전히 소멸하는 때가 분명히 나타납니다."

"그렇습니다."

"이런 사람은 보통 오른쪽으로 몸을 돌려 누워서 죽음을 맞이할 것입니다. 이런 자세로 죽는 사람은 피부와 안색이 맑고 깨끗하며 미소를 짓고 있음을 볼 수 있습니다. 머리 또한 오른편으로 향해 있을 것입니다. 위빠사나의 알아차림으로 죽음을 맞는 모든 사람들은 이런 모습을 보일 것입니다."

"참으로 그렇습니다."

"어떤 부류의 사람들이 그렇게 되는지를 여러분은 아십니까? 그들은 위빠사나 수행의 임무를 계속한 사람들입니다. 그들은 아들과 딸과 모든 재산들을 위빠사나 수행의 알아차릴 대상으로 삼아, 실제로는 모든 것이 내 것이 아닌 무아이며, 모든 것을 덧없는 무상으로 본 첫 번째 부류의 사람들입니다."

"네, 첫 번째 부류의 사람들입니다."

"두 번째 부류의 사람들 또한 위빠사나의 알아차림으로 자신의 몸이 무아이며, 거기에 영혼이나 자아는 없다는 것을 볼 수 있습니다."

"네, 볼 수 있습니다."

"세 번째 부류의 사람들 역시 오온의 무더
기들이 일어나고 사라지는 현상을 지
속적으로 알아차리는 선한 행위를 끊
임없이 해왔습니다."

"그렇습니다."

"네 번째 부류의 사람들은 죽음이 가까워질 때 온갖 의심에서 벗어난 상태에서 느낌이 완전히 소멸할 때까지 알아차림을 계속합니다. 이들은 원인이 소멸하면 결과 또한 소멸한다는 것을 잘 알면서 죽을 것입니다."

"틀림없이 그럴 것입니다."

"이런 것을 아는 사람은 숨을 거둘 때 미소 지으며 죽을 것입니다. 그 이유를 물을 필요도 없습니다. 왜냐하면 그들은 숨을 거두기 전에 열반이라는 지고의 행복을 분명하게 볼 수 있기 때문입니다. 아니면 적어도 행복한 욕계의 존재로 태어나는 명백한 징조를 볼 수 있을 것입니다."

"그럴 것입니다."

"만약 그러한 상태를 실현하기 전이라도 이것을 최소한의 단계로 해서 성인의 세 단계인 수다원, 사다함, 아나함의 도과 중 어느 한 단계에는 도달할 수 있습니다. 다시 말하자면, 열반을 실현해서 첫 번째인 '흐름에 들어선 단계[入流]', 두 번째인 '한 번만 오는 단계[一來]', 세 번째인 '다시 오지 않는 단계[不來]' 중에서 어느 하나에 도달할 수 있을 것입니다."

"그렇습니다."

"수행자 여러분, 이런 보상이 가능한 것을 알고, 이미 자신이 이루어 놓은 발전단계를 아는 사람이라면 미소를 짓지 않겠습니까?"

"참으로 그럴 것입니다."

"여러분은 이 모든 것을 이해했을 것입니다. 이런 이유로 우리 수행자 여러분은 가장 굳세고 열성적으로 이것을 실천해야 합니다. 모든 사람은 예외 없이 죽어야 한다는 사실을 받아들여야 합니다. 그 누구도 죽음을 피할 수 없습니다."

"없습니다."

"하지만 두 가지 가능성이 있습니다. 하나는 미소 지으며 죽는 것이고, 다른 하나는 두려움에 떨며 죽는 것입니다. 지금 여러분은 이 두 가지 길이 있다는 것을 분명하게 알고 있습니다. 이 방법으로 우리의 스승인 부처님께서는 '수행의 임무'를 완수하시고 '나는 도과의 위없는 행복을 보았을 뿐만 아니라 직접 경험하였다'고 확언하셨습니다. 그리고 부처님께서는 오른쪽으로 누워 완전한 열반[般涅槃]에 드셨습니다. 모두 이해하시겠습니까?"

"네, 이해합니다."

"부처님의 위대한 두 상수 제자이신 사리뿟따 존자와 목갈라나 존자도 이와 마찬가지입니다. 두 분 역시 완전한 열반에 드실 때 미소를 지으셨습니다. 이는 그분들이 '위빠사나의 도'와 '출세간의 도'를 이루었기 때문입니다. 틀림없습니까?"

"네, 틀림없습니다."

우리에겐 두 가지 죽음의 길이 놓여 있다.

하나는 미소 지으며 죽는 것이고,

다른 하나는 두려움에 떨며 죽는 것이다.

"그렇다면 이제 여러분은 위빠사나 방법으로 수행을 하며 죽어야 한다는 것을 알 것입니다. 자, 지금 바로 이 같은 바람직한 행을 시작해야 합니다. 여러분도 역시 죽음이 닥쳐오면 같은 방법으로 죽어야 합니다."

"네, 그렇습니다."

"여러분은 절대로 망상에 사로잡혀 다른 일에 신경 쓰지 마십시오. 만일 그렇게 한다면 죽음을 맞는 순간에 회한에 휩싸여 두려움의 원인이 됩니다. 그 순간에 두려워한다면 아귀로 태어날 운명을 맞게 됩니다."

"네, 아귀로 태어납니다."

"이런 아귀의 존재가 된다는 것은 여러분이 살던 집의 바퀴벌레나 집 도마뱀 등의 생을 받는 것을 뜻합니다. 하지만 수행자 여러분의 가족들은 살아 있는 이런 해충들을 집 밖으로 몰아내거나 없애려고 할 것입니다. 그들은 이런 해충들이 자신의 어머니나 아버지였다는 사실을……."

"모를 것입니다."

"이처럼 얼굴에 두려운 표정을 지은 채 죽음을 맞는 사람이 이렇게 될 가능성이 높다는 사실을 알아야 할 이유가 바로 여기에 있습니다. 이렇게 공포에 질려 죽는 사람은 자신의 생生과 집, 소유물에 집착하여 떠나기를 원치 않았기 때문에, 생전에 집 근처에서 바퀴벌레를 본 적이 있다면 집안의 바퀴벌레 등으로 태어나는 삶을 스스로 선택합니다. 이런 잘못된 방법으로 죽는 사람에게 그럴 가능성이 더 높다는 것을 알겠지요?"

"알겠습니다."

"지금 바로 시작하십시오. 여러분은 미소 지으며 죽음을 맞을 수 있도록 모든 노력을 기울여야 합니다. 죽음의 고통스런 느낌이 몰려올 때, 그 느낌을 죽음의 공포라고 한다면 그 느낌을 극복하고 뛰어넘을 수 있도록 최선을 다해야 합니다. 살아 있는 동안 여러분은 지금 일어나기도 하고, 앞으로도 일어날 수 있는 그런 느낌을 알아차리는 수행을 배워서 그 느낌의 일어나고 사라지는 현상을 지켜보아야 합니다. 위빠사나 수행을 해서 알게 되는 느낌의 일어남과 사라짐이 바로 무상과 무아입니다. '일어남과 사라짐'은 바로 도道입니다. 이해하시겠습니까?"

"네, 이해합니다."

"이미 연기를 이해하고 있는 수행자는 '느낌의 일어남과 뒤이어 따라오는 갈애 사이에 연기의 탈출구[1]가 있다는 것'을 잘 알 것입니다. 그러나 느낌의 일어남과 사라짐을 바르게 주시하여 알아차리면 갈애는 일어날 수 없고, 갈애가 없으면 집착 또한 일어나지 않습니다. 이것이 '느낌이 소멸하면 갈애도 소멸한다'는 연기의 법칙입니다. 알아차림의 도가 일어나면 느낌이 소멸하는 것을 보는 것이 우리들의 궁극적인 목표입니다."

"네, 궁극의 목표입니다."

주해

1) 연기의 회전은 한 일생을 통하여 거듭되기도 하고 매 순간 거듭되기도 한다. 이러한 연기의 회전은 당초에 무명에서 비롯한다. 이것이 연기를 시작에서부터 돌리는 것이다. 그리고 느낌에서 갈애를 일으켰을 때에도 연기를 돌린다. 이것이 중간에서부터 연기를 돌리는 것이다. 또한 연기는 늙어서 죽는 과정에서도 돌린다. 그리하여 다시 태어나고 죽는 과정을 거친다. 이와 같이 연기는 시작에서뿐만 아니라 중간과 끝에서도 회전시킨다.

같은 원리로 연기는 시작과 중간과 끝에서 끊을 수도 있다. 세 부분에 연기의 탈출구가 있다. 첫째는 시작에서부터 윤회를 돌리지 않는 것으로, 예를 들어 무명을 알아차리면 시작부터 연기를 회전시키지 않는다. 둘째, 느낌으로 인하여 갈애가 일어났을 때 이것을 알아차리면 집착으로 반응하지 않기 때문에 중간에서 연기가 끊어진다. 마지막으로 죽음에 임하여 괴로운 느낌이 일어났을 때 이것을 알아차리면 집착이 끊어지고 그 자리에서 윤회를 끝내게 된다. 더 이상의 '태어남'이 없다. 이것이 연기가 끝에서 끊어지는 것이다.

느낌의 일어남과 사라짐

"도道는 '느낌이 소멸하여 갈애가 소멸한' 결과로 일어납니다. 갈애는 일어날 기회조차도 없어집니다. 느낌의 소멸을 지켜보는 것을 '갈애의 소멸$^{tanhā \ nirodha}$' 상태라고 합니다. 알아차리는 것은 바로 갈애의 소멸로 나타납니다. 느낌이 일어나고 사라지는 현상을 '알아차린' 결과는……."

"바로 도입니다."

"이 단계를 '갈애의 소멸'이라고 말하지만 이때 '갈애가 완전히 소멸했다'고 이해해서는 안 됩니다. 위빠사나 도의 개입으로 인해 갈애는 결코 일어나지 못하지만 아주 사라지는 것은 아닙니다. 여기서 말하는 '갈애의 소멸'은 '느낌의 소멸'로 인한 직접적인 결과이기는 하지만 이것은 도가 '개입'한 상태입니다. 느낌, 특히 의도하지 않은 느낌의 일어남과 사라짐을 '지켜보는 것'이 도이고, 또한 '괴로운 느낌'으로부터 벗어나는 길이기도 합니다. 빨리어에서는 이 상태를 '갈애의 소멸'이라고 합니다. 이해가 됩니까?"

"이해가 됩니다."

"이것은 또한 일어나고 사라지는 현상을 지켜봄으로써 일어나는 도, 다른 말로 하면 '위빠사나 도'를 의미합니다. 일어남, 사라짐을 보는 것이 익숙해지고 자리가 잡히면 결국 계속 일어나고 사라지는 느낌 자체를 몹시 싫어하고 혐오하는 단계가 올 것입니다. 이것이 도의 마지막 단계입니다. 그 결과 일어나고 사라지는 현상이 완전히 소멸합니다."

"네, 완전히 소멸합니다."

"더 이상의 '일어남과 사라짐'이라는 현상이 없으면 모든 것이 소멸합니다. 열반을 보게 되는 도는 결과입니다. 그래서 '갈애의 소멸'은 '집착의 소멸'을 가져옵니다. 갈애가 소멸하면……."

"집착이 소멸합니다."

모든 괴로움의 소멸을 위해 더 이상 오온을 얻지 않게 되어
미소 지으며 죽을 수 있다면
완전한 평화를 얻을 것이다.

"또한 '집착의 소멸'은 결과적으로 '업의 생성의 소멸'을 가져올 것입니다. 잘 알아두십시오."

"잘 알겠습니다."

"만약에 '업의 생성의 소멸'이 있으면 그 결과 '생의 소멸'이 있습니다. 더 이상 생이 일어나지 않습니다."

"더 이상 일어나지 않습니다."

"'생의 소멸'은 '노사老死의 소멸'을 가져오고, 또한 노사로 인한 '번뇌의 다발'들이 더 이상 일어나지 않을 것입니다. 그러면 이것이 열반[1] 아닙니까?"

"네, 열반입니다."

"여러분, 열반은 불교에서 '지고의 행복'을 의미합니다. 모든 일어나고 사라지는 현상의 소멸은 고통의 끝이고, 최고의 축복임을 확신해야만 합니다. 이것이 바로 열반 아닙니까?"

"맞습니다."

"수행자 여러분, 이 경우 여러분의 임무는 모든 괴로움의 완전한 소멸을 위해 더 이상 오온을 얻지 않는 것입니다. 미소 지으며 죽을 수 있다면 완전한 평화가 있을 것입니다."

"네, 완전한 평화가 있을 것입니다."

"미소 지으며 죽을 수 있도록 노력하지 않는다면, 여러분은 평화를 얻지 못할 것입니다."

"그렇습니다. 평화를 얻지 못할 것입니다."

"느낌은 갈애를 일으킵니다. 갈애는 집착을 일으킵니다. 집착은 업의 생성을 일으킵니다. 업의 생성은 생을 일으킵니다."

"네, 아귀의 생을 일으킵니다."

"생은 노사를 일으킵니다. 어떤 태어남이라도 늙음과 죽음이 있고 슬픔, 비탄, 육체적 느낌, 정신적 느낌, 고통과 비애와 절망이 따라옵니다."

"참으로 그렇습니다."

"미소 지으며 죽을 수 있는 사람이라면, 죽지 않고서도 바로 이번 생에 연기의 과정이 끊어지는 열반을 경험할 수 있습니다. 열반은 꼭 죽어야만 경험하는 것은 아닙니다. 바로 이번 생에도……."

"열반을 경험할 수 있습니다."

주해

1) 열반涅槃은 빨리어로 닙바나nibbāna라고 하는데 불이 꺼짐, 해방, 평화, 지복至福 등의 의미를 가지고 있다. 탐욕, 성냄, 어리석음이 불타서 모두 소멸된 상태를 열반이라고 하며, 출세간이라고도 한다. 최초로 열반을 경험하면 수다원의 정신적 상태가 되고, 이 열반은 계속해서 사다함, 아나함, 아라한의 도와 과의 대상이 된다. 열반에는 오온이 남아 있는 상태로 살면서 경험하는 유여의 열반有餘依 涅槃이 있다. 그리고 죽음을 맞이하여 오온이 완전히 소멸하는 무여의 열반無餘依 涅槃이 있다. 부처님이나 아라한의 죽음을 반열반般涅槃이라고 한다.

오온의 생성을 막는 힘

"이 자리에 모인 수행자 여러분, 이제는 더 이상 오온이 생성되는 것을 원하지 않습니까?"

"네, 오온이 생성되는 것을 원치 않습니다."

"그렇다면 오온이 일어나는 것을 막을 수 있는 힘, 미소 지으며 죽을 수 있는 힘이 있어야 여러분은 자신을 구할 수 있습니다. 이 과제를 잘 이수하지 못한다면 여러분은 다음과 같은 연기의 회전을 막을 수 없습니다. 그렇지 않습니까?"

"네, 그렇습니다."

"바꾸어 말하면, 느낌을 원인으로 갈애가 일어납니다. 갈애를 원인으로 집착이 일어납니다. 집착을 원인으로 업의 생성이 일어납니다. 업의 생성을 원인으로 생이 일어납니다. 생을 원인으로 노사가 일어납니다. 일단 태어남[生]이 있으면, 늙음, 질병, 슬픔, 비탄, 고통, 비애, 절망 그리고 모든 괴로움의 덩어리를 얻는다는 뜻입니다."

"그렇습니다."

"느낌을 원인으로 갈애가 일어나고, 갈애를 원인으로 집착이 일어나고, 강한 욕망이 일어납니다."

"강한 욕망이 일어납니다."

"강한 욕망을 원인으로 몸의 움직임과 행위[身業], 입의 움직임과 행위[口業], 마음의 움직임과 의도[意業]가 일어나며, 이러한 신구의[身口意] 3업을 원인으로 '재생연결식'이 일어납니다. 이것이 다음 존재의 시작입니다."

"그렇습니다."

"어떤 '생'이라도 늙음, 질병, 슬픔, 비탄, 고통, 비애, 절망과 모든 괴로움의 덩어리가 따라옵니다."

"괴로움의 덩어리가 따라옵니다."

"이처럼 연기의 회전은 조건 지어진 새로운 괴로움을 시작하며 계속 흘러갑니다."

"계속 흘러갑니다."

위빠사나의 도

"여러분, 확실하게 이해하십시오. '갈애가 소멸한다'라는 것은 갈애가 일어나지 않는다는 의미입니다."

"갈애가 일어나지 않습니다."

"그리고 '갈애의 소멸은 집착의 소멸이다'라는 것은 집착이 일어나지 않는다는 의미입니다."

"집착이 일어나지 않습니다."

"그리고 '집착의 소멸은 업 생성의 소멸이다'라는 것에서 업 생성의 소멸은 신구의 3업이 일어나지 않는다는 의미입니다."

"신구의 3업이 일어나지 않습니다."

"그리고 '업 생성의 소멸은 생의 소멸이다'라는 것에서 생의 소멸은 식識이 일어나지 않는다는 의미입니다."

"식이 일어나지 않습니다."

"그리고 '생의 소멸은 노사의 소멸이다'라는 것에서 노사의 소멸은 늙음, 질병, 슬픔, 비탄, 통증과 고통, 비애, 절망과 모든 괴로움의 덩어리가 '더 이상 일어나지 않는다'는 의미입니다."

"더 이상 일어나지 않습니다."

"이것이 바로 열반입니다. 그렇지 않습니까? 이는 진정 열반으로 인도하는 길인 도가 일어났기 때문입니다."

"네, 그렇습니다."

"사악도 중 하나의 길로 갈 예정인 사람들은 여지없이 공포에 질린 표정으로 죽을 것입니다. 그들의 일그러진 얼굴 표정이 그것을 증명합니다. 고통 때문에 그들의 몸은 굉장히 힘들어합니다."

"네, 그렇습니다."

"여러분은 어떻게 생각합니까? 여러분이 죽으면 많은 사람들이 당신을 마지막으로 보러 올 것입니다. 그때 여러분은 결코 얼굴에 괴로움의 흔적을 남기고 죽어서 다른 사람들의 비웃음을 사고 싶지 않을 것입니다. 지금까지는 잘못을 행하고 그것을 후회하며 다른 사람들에게 변명하면서 살았지만 죽은 뒤에는 이미 그렇게 된 자신을 변명하는 것조차 불가능합니다. 여러분은 어쩌면 죽음이라는 최후를 맞이하며 '성스러운 사람'으로 소중히 기억되기를 바랄지도 모릅니다. 아마 지금도 죽은 후에 사리舍利('성자'를 이룬 이를 화장한 뒤 몸에서 나오는 독특한 유물)를 남기는 사람이 되고자 애쓰고 있을지도 모릅니다. 그러나 이것이 과연 죽어가는 사람의 최후의 노력으로서 가치가 있는 것이겠습니까?"

"없습니다."

"그렇습니다. 오직 위빠사나의 과업을 완수하는 것만이 마지막 순간의 편안함과 다음 생의 운명을 확고하게 할 수 있습니다. 당신은 절을 짓고 탑을 쌓거나 저수지를 파는 등의 갖가지 공덕을 지었을지도 모릅니다. 그러나 죽음의 강렬한 느낌들이 몰려오면 그런 생각들을 떠올릴 수조차 없습니다."

"그렇습니다."

"지금은 느낌이 멈추지 않고 계속 일어나는 것처럼 보이지만, 알아차림을 지속하는 것에 숙달되면 느낌의 '일어남'과 '사라짐'을 주시할 수 있을 것입니다. 이 알아차림이 '위빠사나의 도'입니다. 위빠사나의 도는……."

"느낌이 일어나고 사라지는 것입니다."

"매 순간 새로운 느낌이 일어날 때마다 알아차려서 '사라지는' 소멸을 주시할 수 있어야 합니다. 즉, 느낌은 우리가 생각하는 것처럼 계속되는 것이 아니라 매 순간 일어나고 사라지는 현상들이 연속하는 것입니다. 거기에는 오로지 '일어나고 사라지는' 현상만 있을 뿐입니다."

"일어나고 사라지는 현상만 있습니다."

"흘러가는 느낌에 알아차리는 위빠사나의 도가 개입함으로써 각각의 소멸이 도^道에 의해 통제됩니다. 이런 방식으로 오직 소멸하는 현상의 흐름만을 알게 될 것입니다."

"소멸하는 현상의 흐름만 있습니다."

"이때 그에게는 더 이상의 고통도 없고 더 이상의 충격도 없으며 더이상의 아픔도 없지 않겠습니까?"

"더 이상 아픔은 없습니다."

"그렇습니다. 더 이상 아픔이 느껴지지 않는다는 것은 '일어남, 사라짐'이 '사라짐의 도', '사라짐의 도', '사라짐의 도'가 되었기 때문입니다. 사라짐과 보조를 맞추는 도가 함께 있으면 곧 이 모든 것들에 대한 혐오가 생길 것입니다."

"혐오가 생깁니다."

"죽음이 다가와 극심한 고통을 겪을 때, 늘 말하는 바와 같은 죽음이 다가오면서 지속적으로 일어나는 모든 현상을 완전히 혐오하는 단계에 이르러서 그것이 일어나면, 그 상태의 끝에 도달합니다. 그렇게 되면 그는 이 세상에 대한 애착이 떨어지고 철저하게 냉정해지며 자아의식이 소멸해 완전한 지혜인 열반으로 향합니다."

"완전한 지혜인 열반으로 향합니다."

"느낌을 알아차릴수록 느낌은 점점 더 희미해집니다. 왜냐하면 위빠사나 도가 새로운 느낌의 일어남에 점점 더 가까이 붙어 일어나기 때문입니다. 그리고 이것이 '사라짐'의 통합된 흐름으로 바뀌면 이 상태에 대해 철저하게 혐오하게 되어 완전한 소멸에 이릅니다."

"완전한 소멸에 이릅니다."

"이것이 없어야만 평화가 올 것이라는 생각이 드는데, 이것이 바로 괴로움의 진리입니다. 그러면 느낌이 완전히 소멸합니다. 이렇게 괴로움이 끝나면 열반을 '경험하게' 됩니다. 이제 열반을 처음으로 '힐끗 본 것'입니다."

"네, 처음으로 본 것입니다."

"느낌이 소멸한다면 그것과 함께 오온 또한 소멸한다고 할 수 있습니다. 오온이 있던 자리에 대신 열반이 일어납니다. 이렇게 되면 죽어가는 사람은 자신이 임무를 완수하여 오직 열반만을 향해 곧바로 나아가는 과(果)를 경험합니다. 이 사람은 굴레에서 벗어난 죽음을 맞이합니다. 오온의 짐을 벗어던지고 완전한 해탈의 자유를 누릴 것에 대한 기대가 있으니, 과연 미소 짓지 않겠습니까?"

"네, 미소 지을 것입니다."

"미소 지으며 죽을 수 있는 이런 사람들만이 무섭게 일그러진 얼굴을 한 시체로 남겨지는 수치로부터 자유로울 수 있습니다."

"네, 그렇습니다."

"생전에 훌륭한 평판을 얻었던 사람의 시신을 보려고 몰려드는 사람들은 분명히 망자의 얼굴에서 미소 띤 얼굴을 기대할 것입니다. 생전에 좋은 평판을 얻었던 사람이 명백하게 공포에 질린 얼굴로 죽어 있다면 어찌하겠습니까? 그것은 참으로 애석한 일입니다. 남은 가족들은 모인 사람들을 보기가 참으로 민망할 것입니다."

"정말 민망할 것입니다."

"그러므로 여러분에게 권고합니다. 위빠사나 수행에서 '느낌을 극복하는' 단계에 이르십시오. 혹은 최소한의 집중 수행으로 느낌을 극복한 단계를 경험하십시오."

"네, 알겠습니다."

"그럴 때에 수행자 여러분은 사회를 이끄는 지도자로서, 또한 훌륭한 스승을 따르는 사람으로서 여러분 자신에게 남아 있는 운명에 대해 아무런 의심이 없을 것입니다."

"없습니다."

"이제 결심을 하고 선언을 하십시오. 나는 미소 지으며 죽을 것이다!"

"나는 미소 지으며 죽을 것이다!"

| 독자를 위한 마지막 노트 |

『미소 지으며 죽는 법』이 독자 여러분에게 힘이 되고 정보가 되었기를 바랍니다. 이 책의 번역과 출판을 준비하면서 원본에 있는 오타나 편집 오류를 최소화하기 위해 노력했습니다. 그럼에도 불구하고, 우리가 미처 발견하지 못한 오류가 있다면 넓은 이해를 바랍니다. 조금이나마 이 책이 다양한 세대의 스승과 수행자들에게 부처님의 가르침을 정확히 전달하는 데에 도움이 되기를 바랍니다.

잘 죽을 수 있는 준비를 해야 하는 나이에 들어섰다고 생각했었습니다. 명상을 통해 그 길을 준비하고 싶었지만 무명과 갈애로 어둠 속을 헤매던 끝에 괴로운 마음을 추스르려고 다시 명상 수행의 길을 찾았습니다. 그 길에 스승님이 계셨고, 부처님의 법이 기다리고 있었습니다.

처음 만난 위빠사나 수행과 부처님의 가르침을 통해 제 삶에 오래도록 드리워져 있던 그늘이 사라져 갔습니다. 그리고 그 자리에 관용, 자애, 지혜의 삶이 조금씩 자리잡기 시작했습니다. 그 삶의 끝에서 미소 지으며 죽을 수 있기를 소망합니다.

모곡 사야도의 법문을 우리말로 옮기던 시간들이 참 행복했습니다. 번역할 기회를 주신 묘원 선생님께 감사드립니다. 그 어떤 청년보다도 더 젊고 자유로운 정신으로 사시는 선생님과 미얀마 성지순례 길에 여러 도우님을 만난 것이 제게는 큰 행운이었습니다.

정법을 펴주신 부처님과 지혜의 길로 이끌어 주시는 스승님들께 삼가 삼배를 올립니다.

영역자 우 쉐이 띤은 미얀마어로 말씀하신 모곡 사야도의 생생한 법문을 영역하기가 어려웠다고 하였는데, 이것을 다시 우리말로 옮기는 것 또한 못지않게 어렵고 까다로웠다. 처음부터 모곡 사야도와 대중들과의 문답 형식으로 진행된 법문 내용이 신선한 충격을 주었지만, 경전 내용에 따른 부처님과 브라만 자누소니와의 대화도 섞여 있어서 그 한계가 모호할 뿐만 아니라 간간히 영역자 우 쉐이 띤의 주해와 보충설명도 끼어 있어서 다소 혼란스럽고 일관성도 없었다.

그래서 부득이 원문에는 없는 소제목을 만들어 내용의 구분을 더 확실하게 하였고, 전반부와는 달리 대중의 응답을 생략한 영어 원문의 후반부도 문답 형식으로 내용을 보충하였다. 그리고 전반적인 법문의 흐름을 깨지 않기 위해서 우 쉐이 띤의 주해와 보충설명은 간추려서 각 장 뒤에 따로 모아 놓았다. 또한 법문의 이해를 돕기 위해서 주해도 넣었다. 그러는 과정에서 편집상 약간의 변경이 있었지만 그것이 오히려 독자들에게 도움이 되었으면 하는 바람이다.